다시 시작하는 영어

영어회화는
단어 싸움
이다

E&C

MENTORS

영어회화는
단어 싸움이다!

2019년 09월 16일 인쇄
2019년 09월 23일 발행

지 은 이   E & C
발 행 인   Chris Suh
발 행 처   **MENT○RS**
              경기도 성남시 분당구 분당로 53번길 12 313-1
              TEL 031-604-0025 **FAX** 031-696-5221
              www.mentors.co.kr
              blog.naver.com/mentorsbook

              ✳ Play 스토어 및 App 스토어에서 '멘토스' 검색해 어플다운받기!

등록일자   2005년 7월 27일
등록번호   제 2009-000027호
I S B N   979-11-86656-84-6
가   격   15,000원(MP3 무료다운로드)

영어회화의 기본은 단어!

단어를 많이 그리고 정확히 알아야만 문장을 만들고 대화를 이어갈 수가 있기 때문이다. 따라서 영어회화에서 회화용 단어를 잘 알고 사용하는 것은 패턴이나 영문법보다 앞서는 문제이다. 단어를 알고 있어야 패턴을 만들거나 패턴에 살을 붙일 수 있고 또한 단어를 모르는 영문법은 사상누각이기 때문이다.

여기서 단어의 사용능력은 눈으로 봤을 때 알고 있는 단어라고 생각하면 오산이다. 네이티브가 하는 말을 귀로 듣거나 내가 직접 머리 속에서 끄집어내서 회화용 문장을 만들 수 있는 능력을 말한다. 영어단어는 그래서 영어를 다시 시작할 때 반드시 먼저 짚고 넘어가야 하는 절대분야이다. 한번 쯤은 넘어야 할 산이라고 다짐하고 내용이 풍부한 영어단어의 모든 것이 담겨진 집중력 높은 단어장을 갖고 연습해야 한다.

이책 〈영어말하기: 영어회화는 단어싸움이다!〉는 기존의 단순한 단어장과는 달리 현재 회화에서 많이 쓰이는 단어들을 중심으로 여기에 파생어 및 관련어구를 포함하여 방대한 생활어휘가 수록된 전문 영어회화 단어장이다. 또한 모든 표제어 그리고 모든 예문은 원어민의 녹음이 수록되어 학습에 도움이 되도록 하였다.

영어를 다시 시작할 때는 단어부터!

해도해도 안되는 영어회화를 다시 시작하겠다고 다짐할 때 봐야 할 교재로 기획된 이책의 특징은 각 엔트리 표현의 단순하게 대표 의미만을 무성의하게 적어놓지 않고, 엔트리 단어들의 파생어 및 영어회화에 자주 쓰이는 관련 회화어구들을 1,000개 이상을 집중적으로 수록하였기 때문에 영어를 다시 시작하는 학습자들의 영어기본을 확실하게 다질 수 있을 것이다.

다시 말해서 다양한 숙어와 구문들을 정리하였기 때문에 두고두고 여러 번 학습하면 Speaking과 Writing에도 큰 도움이 될 것이다라는 말이다. Reading을 하거나 Speaking 및 Writing을 하거나 그 출발은 영단어이다. 탄탄한 영단어 실력없이는 평생 영어가 어렵다고 불평만 하게 된다. 영어를 배우는 단계별로 그에 알맞은 단어들은 단지 단어의 의미 뿐만이 아니라 그 단어의 쓰임새, 용법이나 구문까지 함께 외워두면 Speaking과 Writing도 두렵지 않게 된다는 것을 명심해두자.

일상 생활영어에서 나올 수밖에 없는 핵심단어 1,000개를 집중공략한다. 기본동사의 용례와 파생숙어들을 집중 수록하여 영어회화를 대비할 수 있으며 단어별 파생어를 반복하여 자동으로 단어를 습득할 수 있도록 했다.

1 계속 등장하는 핵심빈출단어는 집중적으로 암기한다!
어디나 그렇듯 영어단어 세계에서도 잘 나가는 게 있고 그렇지 못한 게 있다. 가끔 쓰이는 것도 있고 자주 쓰이는 단어도 있다는 말이다. 이책은 영어회화에 꼭 필요한 핵심단어 1,000개를 선정하여 집중적으로 알아본다.

2 파생어 및 회화용 어구를 정리하였다!
단어의 단순한 의미습득 뿐만 아니라 그 파생어 및 그 단어가 실제 영어회화의 세계에서 어떻게 쓰이는지 자세하게 설명 정리하였다.

3 기본동사로 영어회화에 친숙해진다!
이제는 실용영어의 시대로 영어회화가 더욱 더 강조되고 있다. 영어회화하면 기본동사를 빼놓을 수 없다. 기본동사를 중심으로 화려하게 펼쳐지는 동사구 등의 많은 영어회화 필수숙어를 집중적으로 정리해본다.

1 **기본단어 1,000 (파생어 포함)**
영어회화를 하려면 기본적으로 꼭 알아야 할 단어 1,000 여개를 정리한다. 생기초단어라고 다 아는 단어라 무시하면 안된다. 기초단어일수록 다양한 의미로 쓰이기 때문이다. 항상 배우는 자세로 성실히 단어 하나하나를 암기한다.

2 **파생어 및 회화표현**
1,000 단어를 기반으로 이로부터 파생된 단어 및 이디엄 등을 영어회화의 기준에 근거하여 자주 등장하는 것들을 중심으로 집중 수록하였다.

3 **16 Units-50 words**
총 16개의 Unit로 구성되었으며 각 Unit마다 50개의 단어들이 파생어 및 숙어들과 함께 수록되었다.

4 **Tip**
단어 하나 자체만을 외우기 보다는 유사하거나 조금만 틀린 단어와 함께 비교하면서 암기하면 더 잘 외워지게 마련이다. come과 go의 차이점, 또 get in과 get on 등과 같이 함께 비교하면서 학습하도록 Tip이라는 보충설명을 수록하였다.

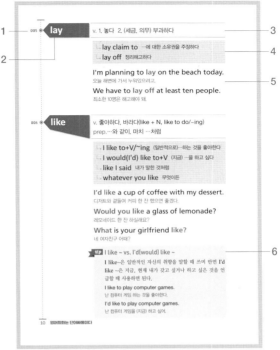

1 001   전체 1,000개 단어에 번호를 달아 학습스케줄을 좀 더 세밀하게 조정할 수 있다.

2 표제어   이 책에 수록된 엔트리 단어.

3 단어정의   표제어의 우리말 뜻과 그 사용법.

4 파생어 및 회화어구   표제어에서 파생된 단어 및 숙어 등을 정리하여 영어회화 실력을 배가시킨다.

5 예문   기존의 단어책과는 달리 영어회화를 위한 단어책으로 예문 또한 생활영어에서 많이 쓰이는 문장들로 수록하였다.

6 Tip   혼란스러워 구분정리할 필요가 있는 단어나 표현들을 따로 비교정리하여 쉽게 외워지도록 하였다.

Contents

UNIT

1

001-050

begin

v. 시작하다(begin+N, begin to+V/~ing)

> ↳ **to begin with** 우선 먼저
> ↳ **in the beginning** 처음에

It begins at eight. Can you make it?
8시에 시작해. 올 수 있어?

I began to like Bulgogi.
불고기를 좋아하게 됐어.

catch

v. 1. 붙들다, 잡다 2. (병에) 걸리다 n. 포착, 포획(물)

> ↳ **catch up with** …을 따라잡다
> ↳ **catch a cold** 감기에 걸리다
> ↳ **be caught in a shower** 소나기를 만나다

I think I'm catching a cold. Achoo!
감기가 올려나봐. 에취!

I didn't quite catch what you just said.
무슨 말하는 건지 잘 모르겠어.

get

v. 1. 받다, 얻다 2. 사주다 3. 도착하다 4. 이해하다

> ↳ **get along (with)** 잘 지내다
> ↳ **get away (from)** 벗어나다, 떠나다
> ↳ **get in touch with** …와 연락하다(contact)
> ↳ **get over** 극복하다(overcome)
> ↳ **get together** 만나다(meet), 모이다(gather)
> ↳ **get used to** …에 익숙해지다

I'll get something for you. 뭐 좀 갖다 줄게.

Could you **get** me some coffee on your way home? 집에 오는 길에 커피 좀 사다줄래?

Don't **get** upset! 화내지마!

I'll **get** my secretary **to** check it over.
비서보고 검토하라고 할게.

Get out of here! 말도 안되는 말 하지마!, 꺼져!

> **tip** get in vs. get on
>
> get in (작은 차에) 타다(↔ get out 내리다)
> get on (버스나 기차 등에) 타다(↔ get off 내리다)

---

004 **give** v. 주다

> ↳ **give back** 돌려주다
> ↳ **give out** 배포하다(hand out), 발산하다(emit)
> ↳ **give up** 포기하다
> ↳ **given name** 이름(= first name)
> *반대로 성은 family name, last name, surname.

My boss just **gave** me a big raise.
사장님이 급여를 많이 올려줬어.

Give me a call if you have any questions.
궁금한 점이 있으면 전화줘.

> **tip** give + 명사 = (명사를) 해주다, (명사를) 하다
>
> give a ride (차를) 태워주다
> give a talk 이야기해주다
> give a party 파티를 열다
> give a hand 도와주다(help)
> give a call(buzz) 전화하다

lay

v. 1. 놓다 2. (세금, 의무) 부과하다

↳ **lay claim to** …에 대한 소유권을 주장하다
↳ **lay off** 정리해고하다

I'm planning to lay on the beach today.
오늘 해변에 가서 누워있으려고.

We have to lay off at least ten people.
최소한 10명은 해고해야 돼.

like

v. 좋아하다, 바라다(like + N, like to do/~ing)
prep. …와 같이, 마치 …처럼

↳ **I like to+V/~ing** (일반적으로)…하는 것을 좋아한다
↳ **I would(I'd) like to+V** (지금) …을 하고 싶다
↳ **like I said** 내가 말한 것처럼
↳ **whatever you like** 무엇이든

I'd like a cup of coffee with my dessert.
디저트와 곁들여 커피 한 잔 했으면 좋겠다.

Would you like a glass of lemonade?
레모네이드 한 잔 하실래요?

What is your girlfriend like?
네 여자친구 어때?

> **tip** I like ~ vs. I'd(would) like ~
>
> I like~은 일반적인 자신의 취향을 말할 때 쓰며 반면 I'd
> like ~은 지금, 현재 내가 갖고 싶거나 하고 싶은 것을 언
> 급할 때 사용하면 된다.
>
> **I like to play computer games.**
> 난 컴퓨터 게임 하는 것을 좋아한다.
>
> **I'd like to play computer games.**
> 난 컴퓨터 게임을 (지금) 하고 싶어.

007 **mean**

v. 1. (말, 행동 등이) 의미하다, 뜻하다 2. …할 작정이다
a. 비열한 n. (pl.) 수단, 방법, 재산

> ↳ **mean nothing to** …에게 무의미하다
> ↳ **mean a lot to** …에게 큰 의미가 있다, 중요하다
> ↳ **by all means** 반드시, 그렇고 말고요(certainly)

That's what I mean. 내말이 바로 그거야.

I didn't mean to cause you any trouble.
너를 곤란케 하려는 건 아니었어.

Don't be upset. I didn't mean that.
화내지마. 그럴려고 그런 게 아니야.

I'm not sure what you mean.
무슨 말인지 모르겠어.

008 **run**

v. 1. 달리다 2. 경영하다, 운영하다 3.(선거에) 나가다
n. 1. 달리기 2. (pl.) 설사 3. (영화, 연극)상영 4. (야구)
   득점

> ↳ **run across/into** 우연히 만나다
> ↳ **run short of** …이 떨어지다, 부족해지다
> ↳ **run out of** …을 다 써버리다. (물품따위가) 바닥이 나다
> ↳ **run it by** …에게 상의하다

I can run 100 meters in 14 seconds.
100 미터를 14초에 뛸 수 있어.

I've got to run. 빨리 가야 되겠어.

I have a runny nose.
코가 흘러.(My nose is running)

see

v. 1. 보다, A가 …하는 것을 보다(see A do/~ing)
2. 방문하다, 만나다, 사귀다, 배웅하다(see + 사람)

↳ **see off** 배웅하다
↳ **see a doctor** 진찰받다

As you can see. 아시다시피.

Are you seeing somebody? 너 누구 사귀니?

I haven't seen you for a long time[for ages]. 오랜만이야

Good to see you again. 다시 만나서 반가워.

> **tip** See로 하는 작별인사
> See you 다시보자
> See you later 나중에 보자
> See you tomorrow 내일보자
> See you in the morning 내일 아침에 보자
> See you soon 곧 보자
> See you then 그때 보자

show

v. 보여주다, 설명하다   n. 공연, 전시회

↳ **show up** (회의,모임 등에) 모습을 드러내다(appear)
↳ **show off** 자랑하다(boast)
↳ **no-show** 예약한 후에 나타나지 않는 사람

I'm going to show him around town.
내가 그에게 시내를 구경시켜 줄거야.

Please show me how to play the game.
게임 방법 좀 나한테 가르쳐 줘.

011 **take**

v. 1. 데리고 가다, 가져가다(take+O+to+장소)
　　2. 손에 쥐다, 붙잡다, (제안된 것을) 받아들이다
　　3. (시간, 돈, 노력 등이) 걸리다, 필요하다

└ **take off** (모자, 옷 등을) 벗다, (비행기) 이륙하다, 출발하다
└ **take out** 제외하다, 인출하다, (책을) 대출하다, (음식을) 포장해가다
└ **take A for B** A를 B로 착각하다
└ **take care** 돌보다, 다루다

How long does it take to get there?
거기 가는데 시간이 얼마나 걸려?

I'm going to take off. 그만 가봐야겠어.

Take care of yourself. 몸조심해.

▶ **tip** take + 동작명사 : (동작을) 하다
take a look 쳐다보다　　take a shower 샤워를 하다
take a seat 자리에 앉다　take a picture 사진을 찍다
take notes 받아적다

012 **try**

v. 1. 시도하다　2. 맛보다(try+음식), 입어보다(try+옷+on)
n. 시도

└ **try out** (제대로 작동되는지) 테스트해보다
└ **try one's best** 최선을 다하다
└ **give it a try** 한번 해보다

Nice try. (하지만) 잘했어.

I'll try to forget it. 잊으려고 노력할게.

You've got to try harder next time.
다음 번에 더 열심히 하라고.

13

wait

v. 1. 기다리다(for) 2. 시중들다(on) n. 기다림, 대기

↳ **can't wait to+V/for~** 몹시 …하고 싶어하다
(= I'm dying to+V)

↳ **wait and see** 관망하다, 지켜보다

I can't wait to see that movie.
그 영화보고 싶어 죽겠어.

Let's wait and see how things go.
일이 어떻게 돼가는지 지켜보자.

want

v. 1. 원하다, 하고 싶다 (want sth/ want to do)
2. A가 …하기를 바란다(want + A + to do/pp)
n. 필요, 필요물

designers
WANTED

↳ **if you want** 원한다면
↳ **for the want of** …가 부족하여

I want to go to a movie tonight.
나는 오늘 밤에 영화를 보러가고 싶어.

I want you to tell me the truth.
난 네가 내게 진실을 말해주기 원해.

become

v. 1. …이 되다(become+adj/ N) 2. 어울리다(suit)

↳ **becoming** 어울리는, 적당한

I heard your son wants to become an actor. 네 아들이 배우가 되려 한다며.

You'd better talk to him before it becomes a habit. 습관되기 전에 아이에게 타일러야 해.

016 **believe** v. 1. 믿다 2. …라고 생각하다

> ↳ It is believed that ~ …라고 여겨지다
> ↳ It is hard to believe that …를 믿기가 어렵다
> ↳ I can't believe sth/that S + V …를 믿기 어렵다

I can't believe my team lost the baseball game. 우리 야구팀이 지다니 말도 안돼.

You can't believe how sorry I am.
내가 얼마나 미안한지 모를거야.

tip believe A~ vs. believe in A

believe A는 A의 말을 믿는 것이고 반면 believe in A는 A의 존재나 옳음, 신뢰성을 믿는다는 의미.
I can't believe him. 그가 하는 말을 믿지 못하겠어.
Do you believe in God? 신의 존재를 믿어?

017 **live** v. (…에) 살다, 거주하다, (사물주어) 머무르다
a. [laiv] 1. 살아있는 2. (TV, 음악) 생중계의, 생음악의
ad. [laiv] 생중계로, 실황으로

> ↳ living a. 살아있는, 현대의 n. 생존, 생활, 생계
> ↳ lively a. 생기가 넘치는, 활기찬
> ↳ live up to sth …에 충족시키다

What do you do for a living?
직업이 뭐예요?

I live on the second floor of an apartment building.
아파트 건물 2층에 살아.

do

v. (일, 행동을) 하다, 행하다

↳ **do a good job** 잘해내다
↳ **do one's best** 최선을 다하다
↳ **do the dishes** 설거지하다

Well done! 잘했다!

How could you do something like that?
어떻게 그럴 수가 있어?

You did a good job! I was very impressed.
정말 잘 했어! 매우 인상적이었어.

pass

v. 1. 지나가다 2. 건네주다 3. (시험/법안) 합격(통과)하다
n. 1. 입장(통행)권 2. 합격 3.(스포츠) 패스

↳ **pass away** 사망하다, 돌아가시다
↳ **boarding pass** 탑승권

Can you pass me the salt, please?
소금 좀 줄래?

Do you think she'll pass the exam?
그녀가 시험에 합격할 것 같니?

happen

v. 1. (무슨 일이) 일어나다(occur, take place)
2. 우연히 …하다(happen to do)

↳ **as it happens** 공교롭게도

What happened to[with] you?
너 무슨 일이야?, 왜 그래?

I happened to be there last night.
지난 밤에 마침 거기에 있었어.

021 **hold**

v. 1. (손, 팔에) 갖고 있다, 지니다, 유지하다
2. (모임을) 갖다, 개최하다, 수용하다

↳ hold on (a second) 기다리다
↳ hold one's breath 숨을 참다
↳ get hold of 붙잡다, 이해하다

Hold on, let me think it over.
잠깐, 생각할 시간 좀 줘.

I'm sorry, but could you hold the door?
미안하지만, 문 좀 잡아줄래요?

022 **leave**

v. 1. 떠나다, 남겨두고 가다, 잊고 놓고 오다
2. …한 채로 남겨두다(leave A adj/pp) n. 휴가, 허락

↳ leave sb alone …를 내버려두다
↳ leave a message 메시지를 남기다
↳ have sth left …가 남았다
↳ be on leave 휴가중이다

Leave me alone. 나 좀 내버려둬, 귀찮게 좀 하지마.

Don't leave things half done.
일을 하다 말면 안돼.

He is on leave. 그는 휴가중이다.

We don't have much time left.
시간이 얼마 남지 않았어.

tip leave vs. leave for

▸ leave+장소명사(…을 떠나다)
He left New York for Seoul. 걘 뉴욕을 떠나 서울로 향했어.
▸ leave for + 장소명사(…향해 출발하다)
He left for New York yesterday. 걘 어제 뉴욕으로 떠났어.

make

v. 1. 만들다 2. …하게 하다(make+A+adj/N)
3. (강제로 A를) …하게 하다(make+A+do)
4. …의 자질이 있다, …가 되다

↳ **make up** 구성하다, 위장하다, 고안하다
↳ **make up for** 보상하다, 벌충하다
↳ **make it (to)** (제시간에) 도착하다(to arrive in time), 해내다
↳ **make sure** …을 확실하게 하다

Can you make it at 7? 7시에 올 수 있겠니?

Make yourself at home. 편히계세요.

I'd better call to make sure he's coming.
확실히 그가 오는지 전화해 보는게 좋겠다.

▶ **tip** make + 목적어 (목적어명사)를 하다

make a mistake 실수하다　make a decision 결정하다
make an effort 노력하다　make an excuse 변명하다

need

v. 1. 필요하다, …할 필요가 있다(need+A/ need to~)
n. 필요(need for)

↳ **I need you to+V** 네가 …을 해주라
↳ **meet a need** 욕구를 충족시키다

I need you to help with this homework.
네가 이 숙제 좀 도와줘야 돼.

Do you need to go? 가야 돼?

You don't need to be here.
넌 여기 있을 필요가 없어.

025 **put** v. (물건/사람을 어떤 장소나 상태에) 놓다

↳ **put off** 연기하다(delay, postpone)
↳ **put on** (옷을) 입다, (살이) 찌다
↳ **put together** 정리, 종합하다
↳ **put it** 표현하다(express)

How should I put it? 뭐랄까?

The police put me in jail for stealing.
경찰이 절도죄로 나를 잡아 넣었어.

tip put on vs. have(wear)

put on은 옷을 입다, take off는 옷을 벗다라는 의미로
모두 동작을 나타내는 표현이며 반면 have나 wear는 옷
을 입고 있는 상태를 뜻한다.

026 **speak** v. 1. 이야기하다 2. 연설하다

↳ **so to speak** 말하자면

Would you speak slower, please?
조금 천천히 말씀해줄래요?

027 **set** v. 1. 두다, 놓다 2. (모범, 예 등을) 세우다, 보여주다
3. (날짜 등을) 정하다 n. 한 벌, 한 세트

↳ **set off** 출발하다, 폭발시키다(set sth off)
↳ **set up** 세우다(establish), (일정 등을) 정하다
↳ **set a date/time** 날짜(시간)를 정하다

**I'd like to set up an appointment for
Thursday.** 목요일로 약속을 정하고 싶군요.

work

v. 1. (직장에서) 근무하다 2. (기계나 장비) 작동되다, 다루다 3. 잘 되어가다, 효과가 있다 n. 일, 일자리

> ↳ **work on** …에 대해 일하다, …을 계속하다
> ↳ **work out** 잘 풀리다(get better), 운동하다(exercise)
> ↳ **after work** 퇴근 후(↔ at work 직장에서)

I work for an Internet company.
인터넷 회사에 다녀.

My computer doesn't work.
내 컴퓨터가 작동이 안돼.

pay

v. 1. (물건, 세금 등) 지불하다 2. (좋은 결과나 이익) 가져오다, 수지맞다 n. 지불, 지급, 급여

> ↳ **pay A for** (A에게) …에 대한 비용을 치르다
> ↳ **pay off** (빚) 갚다, (한 일이) 좋은 결과가 나오다

I can't afford to pay my rent this month. 이번 달 월세를 낼 돈이 없어.

We would like to pay for your airline ticket. 저희가 비행기표값을 지불하겠습니다.

ask

v. 1. 질문하다, 묻다 2. (도움, 조언, 정보 등을) 요구하다, 부탁하다 3. …해달라고 부탁하다(ask~to do)

> ↳ **ask sb out** …에게 데이트신청하다
> ↳ **if you ask me** 내가 보기에는

I'm thinking of asking her out for a date.
그녀에게 데이트 신청해 볼까 해.

031 **hope**

v. 바라다, 희망하다, 기대하다(hope to do/ that S+V)
n. 희망, 바람, 기대

┗ **I hope so.** 그러길 바래.
┗ **I hope not.** 그렇지 않기를 바래.

I hope to see you again (sometime).
(조만간에) 다시 한번 보자, 나중에 얼굴 한번 봐요.

I hope I can come back again.
다시 오기를 바래.

032 **call**

v. 1. (전화) 걸다, 방문하다 2. A를 B라 부르다(call A B)
n. 통화, 방문

┗ **call back** 전화를 다시 걸다
┗ **call in sick** 전화로 병가를 내다
┗ **give sb a call** 전화하다
┗ **be on call** (의사 등) 비상대기중이다

Don't call me chicken! 날 겁쟁이라고 부르지마!

My son is called Min-sue.
내 아들 이름은 민수라고 해요.

033 **grow**

v. 1. 성장하다, 증가하다 2. …이 되다

┗ **grown-up** a. 성장한, 어른같은 n. 어른
┗ **grow up** 성장하다

I'm going to be a star when I grow up!
난 커서 스타가 될거야!

**There is a lot of grain growing in the
field.** 들판에는 많은 곡식들이 자라나고 있다.

check

v. 제지하다, 확인(검사)하다
n. 조사, 점검, 수표, (식당) 계산서

↳ **double check** 다시확인하다
↳ **check in** (호텔 등에) 체크인하다
↳ **check out** 확인(조사)하다, 바라보다, (호텔) 체크아웃
하다, (책을) 대출하다
↳ **spot check** 현장점검, 불시점검
↳ **check up** n. 건강진단

First of all, **let me check** my schedule.
먼저, 일정 좀 보고.

I'd like to **check out** now.
체크아웃을 하고 싶은데요.

Be sure to **double-check** the alarm
system. 반드시 경보장치를 다시 한번 점검해.

change

v. 1. 바꾸다, 교환하다 2. 잔돈으로 바꾸다
n. 1. 변화, 변경 2. 거스름돈, 잔돈

↳ **change one's mind** 마음을 바꾸다
↳ **for a change** 기분전환삼아

I have to **change** my ticket from
economy to business class.
일반석 비행기표를 이등석으로 바꿔야겠어.

Here is **your change** and receipt.
여기 잔돈하고 영수증이요.

036 **end**

n. 1. 끝, 결말, 최후 2. 목적(aim) v. 끝내다, 끝나다

└ **end up ~ing/with** 결국 …으로 끝나다
└ **come to an end** 끝나다

After much discussion of what to do, we ended up going to a movie.
무엇을 할 것인지 많은 의논끝에 결국 우리는 영화를 보러 갔다.

037 **tell**

v. 1. 말하다, 이야기하다 2. A에게 …라고 말하다(tell A to+V) 3. 알아보다, 구분하다(tell A from B)

└ **tell a lie** 거짓말하다
└ **tell the truth** 진실을 말하다
└ **all told** 다 합해서

I'm telling you. 정말야.

I'll tell you what. 저 말야(말 시작할 때).

Can you tell me how to do it?
그걸 어떻게 하는지 좀 가르쳐줄래?

038 **feel**

v. 1. 느끼다, 만져보다 2. …라는 생각이 들다, 생각하다

└ **feel free to+V** 편히 …해라
└ **feel like ~ing** …하고 싶다
└ **feel like + 명사** …같다고 생각하다

I know how you feel. 어떤 심정이지 알겠어.

I don't feel like doing anything.
아무 것도 하기 싫어.

No hard feelings! 나쁘게 생각말아!

go

v. 1. 가다 2. 할 예정이다(be going to~) 3. 가서 …하
다(go+V/ go and[to]+V) 4. …하러 가다(go ~ing)

> ↳ **go on** 해나가다, (일이) 일어나다
> ↳ **go over** 검토하다(think over, examine)
> ↳ **go with** …와 잘 어울리다
> ↳ **go through** 통과하다, 경험하다(experience)

How's it going? 어때?

What's going on with him?
그 사람 무슨 일 있어?

Let's go get some ice cream.
아이스크림 먹으러 가자.

**Ed bought a silk tie to go with his new
suit.** 에드는 새 양복에 어울릴 실크 타이를 샀다.

tip go + 형용사 : …로 변하다

go bad 상하다   go sour 시어지다
go grey 머리가 희어지다   go mad 미치다

have

v. 1. 소유하다, 갖고 있다, (주어에게) …가 있다
2. …를 …하게 하다, 시키다(have A+pp/adj/V)
3. …해야 만 한다(have to+V)

> ↳ **have to do with** …와 관계가 있다
> ↳ **have something to do with** …와 관계가 좀
> 있다
> ↳ **have(be) done with** …을 끝내다, 마치다
> ↳ **had better+V** …하는 것이 낫다

I'm sorry, but I have to go now.
미안하지만 지금 가야해.

She has a good memory.
걔는 기억력이 좋아.

We don't have classes on Saturday.
토요일 날에는 수업이 없어.

I had my hair cut yesterday.
어제 머리 깍았어.

> **tip** Have a nice + 명사 : 즐거운 …을 가져라
> Have a nice time 즐거운 시간 보내.
> Have a nice weekend 즐거운 주말 보내.
> Have a nice trip. 즐거운 여행 되기를.
> Have a nice flight 비행기 여행이 즐겁기를.

help

v. 1. 돕다, 도와주다 2. …가 …하는 것을 도와주다(help A do/with+N) 3. …하는 데 도움이 되다 : help + V
n. 도움, 도움이 되는 사람

↳ **can't help ~ing/N** …하지 않을 수 없다
↳ **can't help but to+V** …하지 않을 수 없다
↳ **with the help of sb** …의 도움을 받아, …덕택에

Help yourself. 맘껏 드세요, 어서 갖다 드세요.

I have to help my son with his homework.
아들 숙제를 봐줘야 하거든.

I can't help but think that he's a psycho.
걔가 사이코라고 생각하지 않을 수 없어.

know

v. 알다

⌐ **know how to + V** …하는 법을 알다
⌐ **be known for ~** …로 유명하다
⌐ **as you know** 알다시피
⌐ **not that I know of** 내가 알기로는 아니다

Do you know what I mean? 내말 이해했어?

You never know. 모를 일이다. 절대 모를 것이다.

I don't know how to thank you.
고마워서 어쩌죠.

drop

v. 1. 떨어트리다, 떨어지다, (수,양) 줄어들다
   2. 내려놓다, (차로) 데려가 내려주다
n. 1. 방울, (액체의) 소량(of) 2. (수량) 하락(in)

⌐ **drop by** (아는 사람을 불시에) 방문하다, 들르다
⌐ **drop out** 탈락하다, (학교) 그만두다
⌐ **drop off** 내리다, 내려주다

I'll drop you off at your house tonight.
내가 오늘밤에 집에 내려주고 갈게.

Drop by for a drink sometime.
술 한잔하게 들러.

lie

v. 눕다, (문제점이)…에 있다 v./n. 거짓말(하다)

⌐ **lie in** …에 놓여있다
⌐ **tell sb a lie** 거짓말하다

I'm sorry I lied. 거짓말해서 미안해.

Don't tell me lies. 거짓말하지마.

So many difficulties lie ahead on our way to success.

성공으로 가는 길에 많은 어려움이 놓여있다.

> **tip** lie vs. lie vs. lay
>
> lie(눕다) : lie - lay - lain
> lie(거짓말하다) : lie - lied - lied
> lay(눕히다) : lay - laid - laid

045 **stay**

v. 머무르다, 거주하다, …한 상태로 있다(stay+adj)
n. 머무름, 체류(기간)

↳ **stay away from** …에서 떨어지다, …에 참석하지 않다
↳ **stay up** 밤을 새다

You stay out of it! 좀 비켜라!

Stay away from me! 꺼져!

Do you mind if we stay home tonight?
오늘밤 집에 머물러도 돼?

046 **pick**

v. 고르다, 선발하다, (상황) 좋아지다
n. 선택, 선택한 사람

↳ **pick out** 골라내다, 식별하다
↳ **pick up** 들어올리다, (가게에서) 사다, 차로 태워주다, 향상하다, (속도를) 내다
↳ **pick on** 괴롭히다

I don't know which book to pick.
무슨 책을 골라야 할지 모르겠어.

stand

v. 1. 서다, 일어서다 2. (어떤 상태에) 있다
3. 참다, 견디다(can/can't stand~)
n. (받침)대, 노점, 매점, (경기장) 스탠드

↳ **stand a chance** 기회가 있다, 유망하다
↳ **stand for** 나타내다
↳ **stand up for** 옹호하다
↳ **stand up to** …에 맞서다

It stands to reason. 이치에 맞다.

I don't stand a chance. 난 가능성이 없어.

I can't stand the boss. She sucks!
더 이상 사장을 못참겠어. 아주 재수없어!

stop

v. 멈추다, 막다, 그만두게 하다 n. 멈춤, 중지, 정거(장)

↳ **stop by** 방문하다(make a short visit)
↳ **stop over** (여행중) 잠시 머무르다
↳ **stop short of** (위험한 짓) …까지는 하지 않다

Stop by any time after Friday.
금요일 이후엔 아무때나 와

Where's the bus stop?
버스 정거장이 어디예요?

▶ **tip** stop to+V vs. stop ~ing

▸ stop to+V …하기 위해 멈추다
He stopped to smoke. 걘 담배피기 위해 멈췄어.

▸ stop ~ing …하는 걸 멈추다
He stopped smoking. 걘 담배를 끊었어.

049 ● **play**

v. 1. 놀다, 운동하다(play+무관사 운동) 2. (악기) 연주하다
(play the+악기) 3. (영화/연극) …역을 하다, 상연하다
n. 연극, 놀이

↳ **play a part[role] in** …에서 역할을 하다
↳ **play it safe** 안전하게 하다
↳ **play hooky** 무단결석하다(play truant)

I sprained my ankle while playing basketball. 농구하다가 발목을 삐었어.

She is good at playing the violin.
걔는 바이올린을 잘 켠다.

John Smith is the principal actor in the play. 존 스미스는 그 연극에서 주연 배우이다.

050 ● **break**

v. 1. 깨트리다, 부수다, 고장나게 하다 2. (법, 약속 등)
지키지 않다 3. (쉬거나 먹기 위해) 잠시 쉬다
n. 휴식, 휴일, (TV) 광고시간

↳ **break down** 부서트리다, 고장나다
↳ **break in** 침입하다
↳ **break up** 부숴트리다, 해산하다, 헤어지다(with)

Give me a break! 기회를 달라!, 그만 좀 괴롭혀라!

Let's take a break. 좀 쉽시다.

▶ **tip** break vs. brake

break와 발음[breik]이 동일하지만 brake는 자동차 등
의 브레이크, 제동기를 뜻한다.

Mark used the brakes to take a break on the road.
마크는 도로 주행중에 잠깐 쉬려고 제동을 걸었다.

UNIT

2

051-100

hear

v. 1. 들리다, 듣다
   2. A가 …하는 것을 듣다(hear A do/~ing)

↳ **hear of** …에 관한 소문을 듣다
↳ **hear about** …관한 소식을 듣다
↳ **hear from** …에게서 소식을 듣다
↳ **Have you heard that S+V?** …라는 소식 들었니?
↳ **I'm sorry to hear that S+V** …라니 안됐다

I'm glad to hear that. 그것 참 잘됐다.

I'm sorry to hear that. 안됐네.

How did they hear about my divorce?
걔들이 내가 이혼한 걸 어떻게 알았대?

forget

v. 1. 잊다, 기억못하다 2. (개인소지품을) 잊고 두고 오다

↳ **forgetful** a. 잘 잊는
↳ **Don't forget to do[that S+V]** …하는 것을
잊지마라

Forget it. (상대방의 감사,사과 등에) 잊어버려, 신경쓰지마.

Don't forget to e-mail me. 잊지 말고 메일 보내.

I'm afraid I'm becoming forgetful.
점점 깜박하는게 걱정돼.

choose

v. 1. 고르다, 선택하다
   2. …하기로 결정하다(choose to+V)

↳ **have a choice of** …의 선택권이 있다
↳ **have no choice but to+V** …할 수밖에 없다

I chose to go to church. 교회나가기로 결정했어.

I have no other choice but to do so.

그렇게 하는 거 외에는 달리 방법이 없어.

054

excuse

v. 1. (가벼운 잘못을) 용서하다 2. (사물주어)…의 변명
(구실)이 되다 3. (자리비우는 것을) 허락하다
n. 변명, 사과, 이유, 용서

↳ **excuse A for B** A에게 B를 용서하다
↳ **There is no excuse for~** …에 대한 이유가 안된다
↳ **Excuse me** 1. (주의환기) 실례합니다 2.미안합니다
3.뭐라고요?

Please excuse me for being late.
늦어서 미안해.

May I be excused for a moment?
잠깐 자리를 비워도 될까요?

Can[Could] you excuse us?
실례 좀 해도 될까요?, 자리 좀 비켜주시겠어요?

You're excused now. 이제 가봐도 좋다.

tip Excuse me의 용법

1. 상대방에게 질문시
2. 실수를 하고서
3. 길을 비켜달라고 하면서
4. 자리를 떠나면서
5. 상대방과 다른 의견을 말하면서
6. Excuse me? 상대방말에 놀라워 반문하면서
7. 상대방의 말을 잘 못들었을 때

lead

v. 1. (조직, 팀) 책임지다, 지휘하다, 선두에 서다
　　2. (어떤 결과로) 이르게 하다　3. (스포츠) 이기고 있다
n. 1. 선두, 리드, 앞선 점수　2. 모범, 예　3. 단서
　　4. (공연) 주연역

> ↳ **lead to ~** …를 야기하다, …의 원인이 되다
> ↳ **lead A to do** A를 …하게 하다
> ↳ **play the lead role** 주연역을 하다

All roads lead to Rome.
모든 길은 로마로 통한다.

Colorado is leading by two points.
콜로라도가 2점차로 이기고 있어.

write

v. 1. (책, 기사, 편지 등을) 쓰다, 기록하다　2. (음악) 곡을
쓰다, (컴퓨터) 저장하다

> ↳ **writing** n. 쓴 것, 글쓰기, 작품, 저술, 필적
> ↳ **write out** (수표 등에) 필요사항을 적다

Our class has to write a paper on what we did during vacation.
우리 반은 방학 중 한 일에 대해 보고서를 써야 해.

use

v. 1. 사용하다, 이용하다　n. 사용, 이용

> ↳ **used** a. 낡은, 중고의(used car 중고차)
> ↳ **use up** 다써버리다
> ↳ **get(be) used to** …에 익숙하다
> ↳ **What's the use of ~ing** …해봤자 무슨 소용이 있어?

Don't try to use me. 날 이용하려고 하지마.

A lawn mower is used to cut grass.
잔디깎는 기계는 풀을 베는데 사용된다.

> **tip** can/could use + N
>
> ▶ can use + N …이 필요하다
> I can use a coke. 콜라 좀 마셔야겠어.
>
> ▶ could use + N …가 있으면 좋겠다
> I could use a break. 좀 쉬었으면 좋겠어.

---

058 **fail**

v. 1. 실패하다, …를 하지 못하다 2. (시험) 통과하지 못하다, 떨어지다 3. (기계) 고장나다, (회사) 파산하다

┗ **failure** n. 실패, 부족, 쇠약
┗ **without fail** 틀림없이

A: **I failed the exam. I'm ashamed of myself.** 시험에 떨어졌어. 창피하네.

B: **You should have studied.** 공부를 했어야지.

---

059 **start**

v. 1. 시작하다, 출발하다 2. (차, 엔진) 시동걸다
n. 출발, (사업) 개시

┗ **start to+V/~ing** …하기 시작하다
┗ **start up** (회사를) 세우다, (자동차를) 움직이게 하다
┗ **get started** 시작하다(start doing something)

What time does the game start?
경기는 몇 시에 시작하니?

I'll be on vacation starting next week.
난 다음 주부터 휴가야.

used to

v. 1. (현재는 그렇지 않지만 과거에 규칙적으로) …하곤 했었다 2. (현재는 그렇지 않지만 과거에 일정기간)…이었다, 있었다

    ⌐ **did not use to**(부정문)
    ⌐ **Did you use to~ ?**(의문문)

I used to call on her every day.
매일 걔한테 전화하곤 했었어.

I'm not who I used to be. 난 예전의 내가 아니야.

expect

v. 1. 예상하다, 기대하다(expect~/expect to do)
    2. A가 …하는 것을 기대하다(expect A to do)
    3. 임신하다 : be expecting (a baby)

    ⌐ **as expected** 예상대로
    ⌐ **be expected to+V** …할 것으로 예상되다

I didn't expect to see you here.
여기서 널 만날 줄 생각도 못했어.

When do you expect him back?
언제 돌아오실까요?

say

v. 1. 말하다 2. (책, 게시판 등)…라고 씌워져 있다 3.(삽입구) 이를 테면, 예를 들면, 글쎄요 n. 주장, 의견
interj. 이봐, 와 (놀람이나 상대방의 관심을 끌 때)

    ⌐ **It says here** …라고 되어[쓰여] 있다.
    ⌐ **I can't say S + V** …라곤 말 못하지
    ⌐ **Are you saying ~?** …란 말인가요?

↳ **You said it!** 바로 그 말야!

↳ **You don't say!** 설마!

↳ **Say when** (술을 따르며) 됐으면 이야기해요

What do you say? 어때?

You can say that again. 그렇고 말고.

I don't know what to say. 뭐라고 말해야 할지.

It says here that it may cause damage to small animals.
작은 동물들에게 상처를 입힐 수도 있대.

063 ● **talk**

v. 대화하다, 이야기하다
n. 이야기, 대화, 회담(talks), 연설

↳ **talk about** …에 관해 이야기하다

↳ **talk to** …에게 이야기하다

↳ **talk with** …와 함께 이야기하다

↳ **talk back** 말대꾸하다

↳ **talk A into B** A를 설득해서 B하게 하다

Can I talk to you for a minute?
잠깐 얘기 좀 하자?

Now you're talking. 바로 그 말야, 그래그래.

I'm talking to you!
너한테 말하잖아!(상대방이 주목하지 않을때)

tip 아파서 회사에 출근하지 못할 경우.

I feel terrible today, so I can't go to work.
(듣는 사람이 회사에 없는 사람인 경우)

I feel terrible today, so I can't come to work.
(듣는 사람이 회사에 있는 사람인 경우)

come

v. 1. 오다 2. (너에게로) 가다, 함께 가다
3. (일이) 생기다, 일어나다 4. …하게 되다

↳ **come along** 잘해나가다
↳ **come across** 우연히 만나다(run across, run into)
↳ **come by** 얻다(get), (집에) 들르다(make a short visit)
↳ **come down with** (병에) 걸리다
↳ **come out** (정보) 공개되다, 나오다, (책) 출판되다
↳ **come over** (집에) 들르다, 방문하다
↳ **come up with** 찾아내다, 생각해내다
↳ **How come (S +V)?** 어째서 …야?
↳ **When it comes to** …에 관한 한

Come again? 뭐라고요?

Just a sec. I'm coming! 잠깐만요, 가요!

Do you mind if I come along with you for lunch? 점심 식사하러 같이 가도 괜찮겠습니까?

Does the steak dinner come with a salad? 스테이크를 주문하면 샐러드도 함께 나오나요?

Come over to my house on Saturday night. 토요일 밤에 우리 집에 와.

I've tried and tried, but I can't come up with a solution. 계속 해봤는데, 답이 안 나와.

tip come(가다) vs. go(가다)
▸ go : 말하는 사람(speaker)와 듣는 사람(listener)이 있는 곳이 아닌 제 3의 곳으로 이동할 때.
▸ come : 듣는 사람(listener), 즉 상대방이 있는 곳으로 이동하는 경우.

065 ◈ **meet**

v. 1.(약속하고 혹은 우연히)만나다, 처음으로 만나다
　　2.(곤란 따위에) 맞서다, 다루다
　　3. (요구, 주문 등을) 충족시키다

　↳ **meet a deadline**　마감내에 맞추다
　↳ **meet the need of**　…의 필요를 충족시키다
　↳ **attend a meeting**　회의에 참석하다

Nice to meet you.　만나서 반가워.

I'd like you to meet a friend of mine.
내 친구 한 명 소개할게.

066 ◈ **fall**

v. 1. 떨어지다, (바닥으로) 넘어지다
　　2. (어떤 다른 상태로) 되다(fall+adj)
n. 1. 하락, 강우량, 쇠퇴　2. 가을(autumn)

　↳ **fall short of ~**　…이 부족하다
　↳ **fall on**　(생일, 기념일이) 언제 …이다
　↳ **fall for + 사물**　(트릭 등에) 속아 넘어가다
　↳ **fall for + 사람**　사랑하기 시작하다

Did you hurt yourself when you fell?
넘어질 때 다쳤어?

My birthday will fall on a Sunday this year.　내 생일은 금년에 일요일이야.

067 ●

find

v. 1. 찾아내다, 알아내다
2. A가 …하다고 생각하다(find A adj)

↳ **find fault with** 비난하다(criticize)
↳ **find out** (진상을) 알아내다
↳ **findings** 습득물, 연구결과
↳ **lost and found** 분실물 보관소

You are going to have to find more information. 더 많은 정보를 찾아내야 할 겁니다.

Where is the lost and found?
분실물보관소가 어디예요?

tip 1. find vs. find out   2. found vs. found

1. find : 어떤 사물이나 정보를 물리적으로 찾아내는 것.
   find out : 어떤 사실이나 진실을 알아내는 것.
   If you find the document, you'll find out the truth. 그 서류를 찾으면 진실을 알아내게 될거야.

2. found : 동사 find의 과거, 과거분사형
   found : 동사원형으로 …을 설립하다

068 ●

hit

v. 1. 치다, 때리다, 부딪히다, 타격을 가하다
2. (스포츠) 볼을 치다, 득점을 올리다
n. 1. 성공 2. 타격, (야구) 안타 3. (컴퓨터) 사이트방문수

↳ **hit the road** 출발하다(begin a journey)
↳ **hit it off (with)** …와 금새 친해지다
↳ **hit on** 갑자기 어떤 생각이 떠오르다(come up with)

I want you to pack up your things and hit the road, Tom!
톰, 난 네가 짐을 꾸려서 떠났으면 좋겠어!

069 **hang**

v. 1. 매달다, 걸다   2. 교수형에 처하다, 목매달다
3. (가볍게) 시간을 보내다(hang with)   n. 요령

└ **hangover** n. 숙취
└ **hang in there** (어려운 상황) 참고 견디다
└ **hang around (with)** (…와) 어울리다, 어슬렁거리다
└ **hang out with** …와 친하게 지내다
└ **hang up** 전화를 끊다

Do you know of any cool places to hang out? 가서 놀 만한 데 어디 근사한 곳 알아?

Don't worry. You'll get the hang of it.
걱정마. 곧 익숙해질거야.

tip hang의 과거

hang은 과거, 과거분사는 hung - hung이지만 목매달다라는 의미일 때는 hang-hanged-hanged으로 과거형이 변한다.
The prisoner hanged himself yesterday.
그 죄수는 어제 목매죽었다.

070 **cut**

v. 1. (수량 등) 줄이다   2. 베다, 자르다, 잘라내다
n. 1. 감소, 삭감   2. 벤상처

└ **cut back on** 줄이다(reduce)
└ **be cut our for~** (부정/의문문) …할 자질이 있다
└ **cut-throat** a. 치열한

She cut the paper with a knife.
걔는 칼로 종이를 잘랐다.

It is time to get my hair cut. 머리 자를 때다.

think

v. 1. 생각하다, 생각해내다(think (that) S + V)
   2. 간주하다, 여기다

⌐ **think of/about ~ing** ~할 까 생각하다
⌐ **think over** 신중히 생각하다, 숙고하다

I think I can answer your question.
너의 질문에 대답할 수 있을거야.

I don't think we've met before.
초면인 것 같은데요.

I'm glad you **think so.**
그렇게 생각해주니 기분 좋은데요.

Don't **give it a second thought.** 걱정하지마.

keep

v. 1. 보유하다, 간직하다
   2. (뭔가 계속해서) 하다(keep (on) ~ing)
   3. (계속 어떤 상태로) 유지하게 하다(keep+A+adj/pp)
n. 생계비

⌐ **keep up with** 뒤떨어지지 않다
⌐ **keep up the good work** 계속해서 열심히 일하다
⌐ **keep one's word/promise** 약속을 지키다

Don't worry. Bill always **keeps his word.**
걱정하지마. 빌은 언제나 약속을 잘 지켜.

Sorry to **keep you waiting.**
기다리게 해서 미안해.

Could you **keep a secret?** 비밀로 해주실래요?

073 **let**

v. 1. 허락하다(let someone do)
2. …하자(Let's do), …하지말자(Let's not do)
3. …할게요(Let me do)
4. 해고하다, 그만하다(let A go)

↳ **let's see** (생각하면서) 그게 뭐지(let me see)
↳ **let alone + 동사원형** …은 말할 것도 없고
↳ **let A down** A를 실망시키다

Don't let me down. 나를 실망시키지 마라.

Let's get together again soon.
곧 다시 만납시다.

074 **look**

v. 1. 바라보다, 쳐다보다 2. …처럼 보이다(look+adj)
3. 자, 봐봐, 어때(주의를 환기시킬 때)
n. 바라봄, 용모(looks), 외관, 모양

↳ **look out** 조심해(watch out)
↳ **look forward to ~ing/N** …을 기대하다
↳ **look up** (사전에서 단어를) 찾아보다
↳ **It looks like N/(that) S+V** …처럼 보여, …한 것 같아

Look at that! 저기봐봐!

Look at you! 야 얘봐라!

I'm just looking. (쇼핑) 그냥 구경만 하는 거예요.

It looks like we'll be there in another half an hour.
우린 30분쯤 더 있다가 거기에 갈 것 같아.

bring

v. 1. 데려오다, 가지고 오다 2. 초래하다, 가져오다

> ↳ **bring in** (법)도입하다, 영입하다
> ↳ **bring on** 가져오다, (나쁜 결과를) 초래하다, (화제를) 꺼내다
> ↳ **bring out** 나타내다, 발표하다
> ↳ **bring up** (화제를) 꺼내다, 가르치다, 기르다

I **brought** coffee for everyone.
여러분들을 위해 제가 커피 좀 가져왔어요.

What **brings** you here? 무슨 일로 왔어?

> **tip** bring vs. take
>
> bring : 말을 하거나 듣는 사람이 있는 곳으로 뭔가를 이동할 때.
>
> take : 말을 하거나 듣는 사람이 있지 않는 제 3의 장소로 뭔가를 이동할 때.
>
> I will bring Chinese food to your party.
> 네 파티 때 중국음식 가져갈게.
>
> Please take me to the airport.
> 공항으로 갑시다.

mind

v. 1. (부정,의문문) …에 거슬리다, 화나다 2. 신경쓰다
n. 마음, 정신, 생각

> ↳ **Do(Would) you mind (A) ~ing?** (A가) …해도 괜찮겠습니까?
> ↳ **if you don't mind** 괜찮다면
> ↳ **make up one's mind** 결정하다(decide)

Mind your own business.
참견마, 네 일이나 잘 해라.

Never mind! 걱정마!

Would[Do] you mind if I smoke here?
여기서 담배펴도 돼요?

077 **pull**

v. 1. 잡아당기다, 끌어당기다 2. 떼어내다, 제거하다
n. 잡아당기기, (담배, 술)한 모금

> ⌐ **pull over** 차를 도로가에 대고 세우다
> ⌐ **pull up** 차를 세우다
> ⌐ **pull oneself together** 기운내다

The cart was being pulled by a horse.
짐마차가 말에 의해 끌려지고 있었다.

Have you had your wisdom teeth pulled out? 사랑니 뽑았어?

078 **wish**

v. 1. 바라다, 원하다
2. …했으면 좋겠다고 여기다(I wish S+과거동사)
3. (행복, 건강) 빌다(wish+사람+명사)
n. 소원, 소망(for)

> ⌐ **if you wish** 원한다면
> ⌐ **wishing well** 동전을 던지면 소원이 이루어진다는 우물

I wish I could fly to you. 너에게 날아갈 수 있다면.

I wish you a Merry Christmas!
성탄절 즐겁게 보내!

Wish me luck! 행운을 빌어줘!

turn

v. 1. 돌리다, (어떤 방향으로) 향하게 하다
   2. 변화하다, 바뀌다(turn + adj/N)
   3. (나이가)…되다, (시간이) …시이다 n. 회전, 차례

↳ **turn down** 거절하다
↳ **turn in** 제출하다, 잠자리에 들다
↳ **turn out** …으로 판명되다(prove)
↳ **turn off[on]** 끄다(켜다)

My wife's just turned 33.
아내가 막 33살이 되었어.

Please turn in your papers by tomorrow.
내일까지는 서류를 제출하도록 해요.

lose

v. 1. 잃다, 놓치다 2. (경기, 논쟁, 선거 등에서) 지다

↳ **loser** n. 패배자, 실패자, 멍청이
↳ **lose weight** 살이 빠지다(↔ gain weight)
↳ **lose one's temper** 화를 내다(get angry)

You've got nothing to lose.
밑져야 본전인데 뭐.

Get lost! 꺼져버려!

If I eat less, I'll lose weight.
소식하면 살이 빠질거야.

back

n. 등, 뒷면, 뒤쪽(↔ front), 안쪽
v. 후원하다(support), 지지하다, 뒤로 물러나다
a. 뒤의, 이전의 ad. 본래 위치로, 뒤로, 과거에, 다시

┗ **back off** 뒤로 물러서다, 손떼다

┗ **back up** 지지하다, (컴퓨터에) 카피본을 저장하다

┗ **behind one's back** …의 뒤에서

He talked to me with his back to the wall. 등을 벽에 기댄채 내게 말했다.

Don't go away. I'll be back in a minute.
가지마. 곧 돌아올게.

082 ⦿ **minute**
n. 분, 잠시동안(moment), (pl.) 의사록
a. [main*jú:*t] 상세한, 사소한

┗ **in a minute** 곧, 즉시

┗ **any minute** 언제라도

She'll be back any minute.
그 여자는 곧 돌아올거예요.

(You) Got a minute? 시간돼?

Wait a minute, please! 잠깐만요!

083 ⦿ **belong**
v. …의 것이다, …에 속하다(소속이다)

┗ **belong to~** …의 것이다, …에 속하다

┗ **belongings** n. 소유물(possessions), 소지품

A: **You belong to me.** 넌 내꺼야

B: **No! I don't belong to anyone!**
아냐! 나 누구의 소유도 아니야!

Does this red coat belong to you?
이 빨간 코트는 네 것이니?

084 ◉ **right**

a. 옳은, 우측의 ad. 올바르게, 적절히
n. 정의, 권리, 오른쪽

↳ **right away** 지금 즉시(right now)
↳ **All right** 좋다(= Yes, OK)
↳ **You're right** 네 말이 맞아
↳ **That's right** 맞아, 그래
↳ **I'm all right** 난 괜찮아
↳ **That's all right** 괜찮아, 걱정마

The customer is always right.
고객은 왕이다.

Is it all right to park my car here?
차 여기다 주차해도 돼?

085 ◉ **sure**

a. 확실한 ad. 확실히, 틀림없이

↳ **be sure to+V** 반드시 …하다
↳ **be sure of** …을 확신하다
↳ **for sure** 확실히(for certain)
↳ **make sure** 확인하다

Are you sure (about that)?
(그거) 정말이야?

Be sure to do what your teacher tells you in class. 수업에서 선생님 지시대로 꼭 해라.

086 **short**　a./ad. (거리, 시간, 길이) 짧은(↔ long), 부족한

↳ **be short of** …가 부족하다
↳ **run short of** …가 바닥나다
↳ **in short** 간단히 말해서(in brief)

In short, we will need to fire three people from this office.
간단히 말해서 이 사무실에서 3명을 잘라야 해.

087 **alone**　a. 혼자서　ad. 홀로, …뿐

↳ **let alone~** …은 말할 것도 없고(to say nothing of)
↳ **Leave me alone!** 날 좀 내버려둬!

She hates eating alone.
걔는 혼자 먹는 것을 싫어해.

I spent the day alone when my friends failed to call me.
친구들이 전화를 하지 않아서 난 혼자 하루 종일을 보냈어.

088 **clear**　a. 맑은, 명백한, 분명한　ad. 분명히
v. 밝히다, …을 없애다, 해제하다

↳ **clear out** 청소하다, 치우다
↳ **make oneself clear** 상대방에게 자기 생각을 이해시키다!

Did I make myself clear? 내 말 이해됐어?

That's not clear. 분명하지가 않아.

Is that clear? 분명히 알겠어?

089 **day**

n. 낮, 하루, (pl.) 시대

└ all day long 하루종일
└ in these days 요즈음
└ the other day 요전에

What is wrong with you these days?
너 요즘 왜 그래?

090 **dress**

v. 1. 옷을 입히다, 정장하다 2.(상처) 치료하다
n. 의복, 정장

└ dressing n. (요리)드레싱, (상처치료용) 의약재료, 붕대
└ get dressed 옷을 입다
└ dress up 옷을 잘 차려입다

Does this dress look good on me?
이 드레스가 내게 어울려?

What type of dressing would you like on your salad? 샐러드에는 어떤 드레싱을 넣을까요?

091 **life**

n. 1. 생명, 삶, 인생, 생활
   2. 생물, (사물)수명, 사용기간, 실물, 활기

└ life-saving a. 생명구조의 n. 해난구조
└ life insurance 생명보험

I'll never leave you for the rest of my life. 남은 평생 너를 떠나지 않을테야.

How's your life these days? 요즘 사는게 어때?

092 **drink**

v. 1. (음료, 술) 마시다 2. …을 축배하다, 기원하다(~to)

n. 마실 것, 한 잔, 음료, 술

> ↳ **drunk[drunken]** a. 술취한 (*drunken은 항상 명사 앞에서만 사용)
> ↳ **drink and drive** 음주운전하다
> ↳ **drunk driving** (법)음주운전

Would like something to drink?
뭐 좀 마실래요?

I'll drink to that! 그말이 맞아. 동감이!

Don't drink and drive. 음주운전하지마라.

093 **poor**

a. 1. 가난한(↔ rich), 불쌍한 2. 부족한, 서투른

> ↳ **be poor at** …에 서투르다
> ↳ **the poor** 가난한 사람들

You poor thing! 안됐구나!

Do you have any money to give to the poor? 가난한 사람들에게 돈 좀 줄까?

> **tip** the+형용사 = 복수보통명사
> the poor 가난한 사람들
> the rich 부자들
> the old 노인들
> the young 젊은이들
> the miserable 불쌍한 사람들

time

n. 1. 시간, 때 2. 잠시 3. 일생 4. (몇) 번 5. (pl.) 시대

↳ **at all times** 언제든지(always)
↳ **at any time** 언제든지
↳ **for a long time** 오랫동안
↳ **for the first time** 처음으로
↳ **for the time being** 잠시동안

This is my first time here too.
여기 나도 처음야.

I saved five times as much as I did last year. 작년보다 5배나 저축했어.

way

n. 1. 방법, 방식, 길, 통로 2. 형편, 상태, 버릇, …식
ad. (부사, 전치사 강조) 훨씬, 멀리

↳ **be under way** 진행중이다
↳ **by the way** 그런 그렇고
↳ **on the(one's) way to** …로 가는 중에
↳ **one way or another** 어떻게 해서든지

No way! 절대로 안돼!

Way to go! 힘내라 힘!

I don't understand why you felt that way. 네가 왜 그런 식으로 생각하는지 모르겠어.

This way, please. 이쪽으로 오세요.

096 **satisfy** v. 만족시키다

→ **be satisfied with** …에 만족하다

Are you satisfied with your new job?
너는 새로운 너의 일에 만족하니?

097 **arrive** v. (사람, 물건) 도착하다

→ **arrival** n. 도착
→ **arrive at[in]** …에 도착하다

The train was scheduled to arrive at platform five. 기차는 5번 플랫폼에 도착할 예정이었다.

098 **great** a. 1. 큰, 많은 2. 중대한, 굉장한, 대단한

→ **greatly** ad. 대단히, 매우

I'm feeling great. 아주 좋아.

It was a great help. 큰 도움이 됐어.

How have you been? You look great!
어떻게 지냈니? 근사해 보이는데!

099 **certain** a. 1. 확실한(↔ uncertain), 반드시 …하는 2. 일정한

> └ **certainly** ad.확실히, 분명, 정말
> └ **for certain** 확실히

Certainly. 물론이죠.

Certainly not. 정말 아냐.

I don't know for certain. 확실히 몰라.

100 **surprise** v. 놀라게 하다, 기습하다 n. 놀람, 기습

> └ **be surprised at+N/to+V** …에 놀라다
> └ **to one's surprise** 놀랍게도

What a surprise! 어휴 놀라워라!

There's a surprise birthday party for Cindy. 신디에게 깜짝파티를 열어줄거야.

UNIT

3

101-150

book

n. 1. 책 2. 장부 v. 1. 기입하다 2. 예약하다

└ **booking** n. 예약
└ **booklet** 소책자

Don't judge a book by its cover.
겉만 보고 속을 판단하지마.

I'm sorry, but the flight is all booked.
미안하지만 항공편이 다 예약되었습니다.

full

a. 가득찬, 충분한

└ **fully** ad. 충분히
└ **be full of** …으로 가득하다(be filled with)

I always stop eating before I feel full.
난 항상 배가 부를 때까지 먹지 않아.

Don't speak with your mouth full.
음식물을 입에 가득 넣은 채로 이야기하지 마라.

drive

v. 1. 운전하다 2. …하게 하다(만들다)
n. 드라이브, 추진(력), (조직적인) 운동

└ **drink and drive** 음주운전하다
└ **drunk driving** (법)음주운전

We're likely to lose everything on the hard drive. 하드에 있는게 다 날아갈 것 같아.

Be sure to drive carefully. 운전 조심하고.

104 ⊙ enter

v. 1. (장소에) 들어가다
2. (조직/직업) 입문하다, (어떤 활동) 시작하다

└ entry   n. 입장, 출전, 참가(자)
└ entrance   n. 출입문, 입구, 입장

Please enter the restaurant through the side door.   옆문으로 식당에 들어가세요.

105 ⊙ fair

a. 1. 공평한   2. (양이) 꽤 많은, 상당한
ad. 공평하게

└ fair   n. 박람회, 전시회
└ unfair   a. 불공평한, 부당한
└ fairly   ad. 공평하게, 꽤

That's not fair.   공평하지 않아.

You're fairly good-looking.   너 인상이 참 좋아.

106 ⊙ long

a. 길이나 시간이 긴(↔ short)   ad. 오랫동안, 쭉
v. 간절히 바라다, 동경하다(long for+N/to do)

└ before long   머지 않아, 곧(soon)
└ not ~ any longer   이제 (더이상) …아니다

Long time no see.   오래간만이야.

Stay longer and have fun with me.
여기 더 남아서 나랑 놀자.

glad

a. 기쁜, 반가운

↳ **I'm glad to+V/that S+V** …해서 기쁘다

I'm glad to hear that. 잘됐네.

I'm glad you could attend the party.
파티에 참석해줘서 기뻐.

---

shop

n. 가게, 상점, 공장   v. 물건사다, 쇼핑하다

↳ **shopping mall(center)** 상점가
↳ **go shopping** 쇼핑하러가다

Is there **a coffee shop** in this mall?
여기 몰에 커피샵이 있어요?

---

house

n. 1. 주택, 가정 2. 회사
v. 주거공간을 제공하다

↳ **housekeeper** 가정부, 주부(housewife)
↳ **housekeeping** 가사(housework)

My house is about 300 meters from the
station. 집은 역에서 300미터 떨어진 곳에 있어.

---

possible

a. 가능한, 있음직한(probable, likely ↔ impossible)

↳ **as soon as possible** 가능한 한 빨리
↳ **if possible** 가능하다면

It's not impossible. 불가능한 일은 아니지.

111 rise

v. (수, 양, 가치) 상승하다(to), 올라가다
n. 상승, 증가

> └ rising star 떠오르는 스타
> └ rise and fall 성쇠

The sun rises in the east. 해는 동쪽에서 뜬다.

My mom is an early riser.
엄마는 일찍 일어나는 분이야.

112 bit

n. 1. 소량, 조금 2. (컴퓨터 정보량의 최소단위) 비트

> └ a (little) bit 조금, 약간
> └ a bit of+N 소량의…
> └ a bit of a+N 좀…, 작은…

You look a bit tired. 좀 피곤해보여.

Can you please hurry? I'm in a bit of a rush. 빨리 좀 서둘러요, 좀 바쁘거든요.

113 close

v. 1. (문/가게) 닫다(shut) 2. 폐업하다 n. 끝, 종결
a. 1. (장소/시간) 가까운(near) 2. 친근한
ad. 바로 옆에서, 면밀히

> └ close call (위험 등에) 아슬아슬한 상황
> └ come close to …에 거의 필적하다, …할 뻔하다

You're close.[That's close]
(정답에) 거의 근접했다.

I almost came close to hitting my brother. 내가 내 형을 칠 뻔했어.

duty

n. 1. 의무, 임무 2. 관세

↳ **duty-free** 면세의
↳ **off duty** 비번의(↔ on duty 근무중인)

I'll buy you something at the duty free shop. 면세점에서 뭐 좀 사올게.

Sam always remembers his duty to his parents. 샘은 늘 부모님에 대한 의무를 기억해.

level

n. 수평, 표준   a. 수평의, 같은 수준의
v. 1. 수평하게 하다 2. 숨김없이 말하다

↳ **level with sb** …에게 솔직해지다

Please just level with me. I want to know the truth.
나한테 솔직히 털어놔봐요. 사실 그대로를 알고 싶으니까.

The floor in this room isn't level and needs to be fixed.
이 방의 바닥은 평평하지 않아 수리해야 돼.

buy

v. 1. 사다, 구입하다
2. A에게 B를 사주다(buy A B = buy B for A)
3. (상대방 말) 믿다 n. 싸게 잘 산 물건(a good buy)

↳ **buyer** n. 사는 사람, 구매자
↳ **buy off** 뇌물을 주다

Here is some money for you to buy some new clothes. 이 돈으로 새옷 좀 사 입어.

117 top   n. 정상, 최고   a. 최고의, 첫째의   v. …이상이다

↳ **top priority** 최우선순위

I'd like to be at the top of my class when I graduate. 수석으로 졸업하고 싶어.

118 necessary   a. 필요한, 필수의(↔ unnecessary 불필요한)

↳ **necessarily** ad. 필연적으로, 반드시
↳ **necessity** n. 필요, 필연성, (pl.)필수품

I'll give you the money today if necessary. 필요하다면 내가 오늘 그 돈을 줄게.

It will be necessary for you to speak many languages. 여러나라 말을 하는게 필요해.

119 class   n. 1. (사회적) 층, 계급
2. 학급, 반, 학년, 수업시간, 같은 년도에 졸업한 동기
3. 같은 종류, 부류, 등급, (비행기, 기차) 좌석등급
4. (기술이나 스타일상) 고급, 기품, 우수   v. 분류하다

↳ **classic** a. 일류의, 고전의 n. 고전작품, 최고의 것
↳ **classical** a. 고전적인, 전통적인, 모범적인
↳ **classy** a. 세련된, 멋진, 고급의

We're in the same class for English.
우린 같이 영어수업을 받는다.

The class of 2016. 2016년도 졸업생 동기.

She likes to travel first class.
그녀는 일등석으로 여행하기를 좋아한다.

120 skill

n. 숙련, 노련, 솜씨

↳ **skilled** a. 능숙한(efficient)
↳ **skillful** a. 숙련된

She wants me to try to improve my computer skills.
그 여자는 내가 컴퓨터 기능을 더욱 익히기를 바래요.

121 cold

a. 1. 찬, 추운(↔ warm) 2. 냉담한 n. 1. 한기 2. 감기

↳ **catch[get] a cold** 감기에 걸리다
↳ **get[have] cold feet** 겁을 먹다

I hope I don't catch that cold that is going around the office.
사무실에 돌고 있는 감기에 걸리지 않았으면 좋겠어.

It's too cold to play basketball outside.
너무 추워서 밖에서 농구를 할 수 없어.

122 seat

n. 자리, 좌석 v. 앉히다

↳ **seating** n. 착석, 좌석
↳ **take[have] a seat** 자리에 앉다(be seated)

Is this seat taken? 이 자리 임자 있나요?

Are there any seats available?
좌석 남아 있나요?

123 **early**　ad. 일찍이(↔ late)　a. 이른, 초기의, 예정보다 빠른

> ⌐ in one's early 30s　30대 초반에
> ⌐ keep early hours　일찍 자고 일찍 일어나다

Do you want to go home early?
집에 일찍 가고 싶어?

124 **fast**　a. 1. 빠른 2. 단단히 고정된　ad. 빨리, 단단히
n./v. 단식(하다)

> ⌐ fast food　인스턴트 즉석 음식
> ⌐ fasten　v. 단단히 고정하다

**Please fasten your seat belt, we're in
for a ride.**　안전벨트 매, 드라이브 갈거니까.

I'm going as fast as I can.
최대한 서두르고 있다고.

125 **ill**　a. 1. 병든 2. 나쁜, 불쾌한　ad. 나쁘게

> ⌐ speak ill of　…의 험담을 하다
> ⌐ ill feeling　악감정, 적의

**She fell ill because she had been
studying too hard.**
걔는 너무 열심히 공부해서 아팠다.

What kind of illness do you have?
어디가 아픈데?

crazy

a. 1. 미친(mad) 2. 열중한(enthusiastic)

↳ **be crazy to+V** …하고 싶어 못 견디다
↳ **be crazy about** …에 빠지다

What are you doing?! Are you crazy?
뭐하는 거야?! 미쳤어?

Jim told me that he is crazy about Mindy. 짐은 민디를 무척 좋아한다고 내게 말했어.

mail

n. 우편(물) v. 우송하다

↳ **mailbox** 우편함
↳ **mail carrier** 우편배달부
↳ **by mail** 우편으로

He mailed the cards yesterday.
그는 어제 카드를 부쳤다.

We got mail today, and this is for you.
오늘 우편물이 왔는데, 이건 당신꺼예요.

> **tip** mailman vs. mail carrier
>
> 예전에는 우편배달은 남성이 해 온 까닭에 mailman이라고 하였으나 최근에는 여성도 우편배달을 하기 때문에 성이 표시되지 않는 mail carrier를 사용함.
>
> *ex.* policeman ⇒ police officer
>
> businessman ⇒ business person, business people

128 **visit**

v. 방문하다   n. 방문, 구경

↳ **visitor** n. 방문객, 관광객
↳ **pay a visit to** …을 방문하다

What's the purpose of your visit?
방문 목적이 뭡니까?

At the start of the year, many Koreans visit a fortune-teller.
새해가 시작되면 점보는 한국 사람들이 많아.

129 **open**

v. 1. 열다   2. (가게/사무실) 시작하다, (영업을) 시작하다
a. 1. 열린, (상점 등이) 열려있는
　 2. 공개된, 이용할 수 있는

↳ **opening hours** 영업시간
↳ **open house** 1. (학교, 회사 등) 일반 공개일, 공개파티
　 2. 매물로 나온 집을 구경하거나 신축단지의 모델하우스.

A lot of opportunities are open to young kids. 어린 애들에게는 많은 기회가 열려져 있다.

130 **thing**

n. 1. 일, (언급하는) 것   2. (pl.) 상황, 사정

↳ **do the right thing** 옳은 일을 하다
↳ **first thing in the morning** 내일 아침 제일먼저

Things are changed. 상황이 바뀌었어.

A: **Should I tell him the truth?**
　 그 사람에게 사실대로 말해야 할까?

B: **Just do the right thing.**
　 옳다고 생각되는 대로 하라구.

131 **shut**

v. 닫다(close), 막다

> ↳ **shut down** (회사 등이) 문닫다, (기계) 고장나다
> ↳ **shut off** (기계 등) 끄다
> ↳ **keep one's mouth shut** 입다물고 있다

Shut up! 입닥체(Be quiet)

He shut down his computer and cleared his desk. 걔는 컴퓨터도 끄고 책상도 깨끗이 치웠다.

132 **board**

n. 1. 판자 2. 위원회 3. 식사
v. 1. 하숙하다 2. 승차하다, 탑승하다

> ↳ **boarding school** 기숙사제 학교
> ↳ **boarding house** 하숙집, 기숙사

Where's the boarding gate?
탑승구가 어딥니까?

The board of directors are going to meet next week. 이사회가 다음 주에 열릴 예정이야.

133 **second**

a. 1. 제 2의, 둘째의 2. 부속적인, 또 다른 ad. 두 번째로
v. 지지하다 n. (시간) 초, 매우 짧은 시간

> ↳ **second to none** 누구에게도 뒤지지 않는
> ↳ **on second thought** 다시 생각하여, 재고하여

Could you just hold the line for a second? 잠깐 기다리시겠어요?

134 ⬥ afraid

a. 1. 두려워하는, 걱정하는 2. (유감스럽게) 생각하는

↳ **be afraid of+N/~ing** …을 무서워하다, 걱정하다
↳ **I'm afraid (that) S+V** (유감이지만) …라고 생각합니다

You don't need to be afraid of public speaking. 대중 연설을 두려워할 필요는 없어.

I'm afraid I don't know what to say.
뭐라고 해야 할지 모르겠어요.

135 ⬥ faith

n. 1. 신념, 신용, 신뢰(confidence, trust)
2. 신앙 3. 약속

↳ **faithful** a. 충실한, 정확한
↳ **in good faith** 선의로

Religious people often try to show others their faith.
종교적인 사람들은 종종 타인들에게 자신들의 신앙을 나타내려 한다.

136 ⬥ round

a./ad. 둥근, 원형의, (한 바퀴) 돌아서
n. 1. 원, 한 바퀴 2. 연속 3. (승부의) 한 판
prep. …의 둘레에, …의 부근에

↳ **roundabout** a. (길이) 우회하는, (표현이) 완곡한
↳ **round trip** 왕복여행

Jennifer decided to purchase a one-way ticket instead of a round-trip.
제니퍼는 왕복 대신 편도표를 사기로 했다.

hard

a. 1. 굳은, 단단한 2. 곤란한 3. 엄한 4. 강렬한
ad. 열심히, 몹시

⌐ **hardly** ad. 거의 …이 아니다 (scarcely)
⌐ **be hard on** …에 모질게 굴다
⌐ **have a hard time** 어려움에 처하다

Try harder next time! 다음 번엔 더 열심히 해!

Don't be so hard on yourself. 너무 자책하지마.

That's the hard part. 그게 어려운 부분야.

head

n. 1. 머리, 지휘자, 장, 선두 2. (동전의) 앞면
v. 1. …로 나아가다(= be headed)
  2. 이끌다(head up), …의 맨 앞에 있다

⌐ **headquarters** 본사, 본부
⌐ **head start** 이점, 우위, (경주) 빠른 스타트

Use your head to solve the problem.
머리를 써서 그 문제를 풀어봐.

sorry

a. 슬픈, 유감스러운, 미안한

⌐ **I'm sorry to+V/ (that) S+V** …해서 미안하다

I'm sorry I'm late again. The bus was delayed. 또 늦어서 미안. 버스가 늦게 왔어.

I'm sorry to hear that you got fired.
너 잘렸다며 안됐다.

140 first

a./ad. 최초의(로), 처음의(으로) n. 최초, 수위

↳ **at first** 처음에는
↳ **in the first place** 맨 먼저, 무엇보다도 먼저
↳ **first of all** 우선 무엇보다도

You should do this first. 이걸 먼저 해야 돼.

You don't know the first thing about it.
아무것도 모르면서, 쥐뿔도 모르면서.

141 still

a. 정지한, 조용한
ad. 1. 아직도, 그럼에도 2. 더욱(still+비교급)

↳ **still less** 하물며 …아니다
↳ **still more** 더군다나

Do you still work as a teacher?
아직도 선생님 해?

There are still more tasks to complete before we finish.
우리가 끝내기 전에 마쳐야 할 일이 더 있어.

142 fun

n. 재미, 장난

↳ **funny** a. 재미있는
↳ **for fun** 농담으로
↳ **make fun of** …을 놀리다

That sounds like fun. 그거 재미있겠다.

Have fun! 재밌게 보내!

He's incredibly funny. 걔 정말이지 재밌는 사람이야.

near

a./ad. 가까이(운)(↔ far) prep. …의 가까이에, …의 곁에

> ↳ **nearly** ad. 거의, 대략
> ↳ **nearby** 가까이에서

Where is **the nearest** post office?
가장 가까운 우체국이 어디예요?

A: How's your painting coming along?
네 그림은 어떻게 돼가고 있어?

B: I'm **nearly** finished. 거의 다 끝냈어.

shy

a. 1. 수줍은 2. 부족한(of)

> ↳ **be shy of ~ing** 조심하여 …하지 않다

My sister **was very shy** when she was young. 누이는 어렸을 때 수줍음을 많이 탔어.

Tim **is shy of** his thirtieth birthday by two months. 팀은 2달 후면 30세 생일이야.

joke

n. 농담, 장난 v. 농담(장난)하다

> ↳ **jokingly** ad. 농담으로
> ↳ **for a joke** 농담삼아서

You must be joking. 설마 농담이겠지.

Tara said you **were making jokes about me**. 태라가 그러는데 나에 관해 조크했다며.

146

line

n. 1. 선, 줄, 열 2. (pl.) (글자) 행 3. 방침 4. 직업
v. 1. 선을 긋다 2. 일렬로 늘어세우다

┗ **on line** (컴퓨터에) 연결되어
┗ **line-up** (스포츠) 선수진, (공연) 참가하는 사람들

Every cloud has a silver lining.
쥐구멍에도 볕뜰 날이 있다

What line of business are you in?
무슨 일 하세요?

147

listen

v. 듣다, (…의 말을) 따르다(~to)

┗ **listening** n. 듣기, 청취
┗ **listen to music** 음악을 듣다

Listen! (말을 하기에 앞서) 자, 들어봐!

I usually check my e-mail while listening to the music. 난 주로 음악을 들으면서 이메일을 확인해.

> **tip** hear vs. listen
>
> ▸ hear (단순히) 듣다, 들리다
>   **I heard her go downstairs.**
>   걔가 아래층으로 내려가는 소리를 들었다.
>
> ▸ listen 귀를 기울여 듣다(make an effort to hear something)
>   **You should listen to my advice.**
>   넌 내 조언을 따라야 돼.

name
148

n. 이름, 평판, 명목 v. …라고 이름을 붙이다

> ↳ **namely** ad. 즉
> ↳ **call a person names** …의 욕을 하다

What's the name of this street?
이 거리명이 어떻게 됩니까?

That's the name of the game.
그게 가장 중요한거야.

Don't call me names! 욕하지마!

plan
149

n. 1. 계획 2. (건물) 도면, 설계도 3. 약도
v. 계획하다, …할 작정이다(intend)

> ↳ **plan to+V** …할 작정이다(plan on ~ing)
> ↳ **as planned** 계획대로

I plan to stay for a week. 일주일간 머물겁니다.

Our plan is to leave in ten minutes.
우리 계획은 10분 안에 떠나는거야.

nice
150

a. 1. 좋은(good) 2. 기쁜(pleasant) 3. 친절한

> ↳ **nicely** ad. 좋게, 상냥하게
> ↳ **It's nice of you to+V** …해줘서 고마워요

That's nice. 좋아.

(It's) Nice to meet you. 만나서 반가워.

Nice try! (목적달성에는 실패했지만) 잘했어!

Chicago is a really nice place to visit.
시카고는 정말 가보기 좋은 곳이야.

UNIT

4

151-200

151 **pretty**

a. 예쁜, 귀여운 ad. 매우, 꽤, 상당히

You're pretty lucky. 너 정말 운좋구나.

A: How's it going? 요즘 어때?

B: Pretty good. How about you?
괜찮아. 너는?

152 **now**

ad. 1. 지금, 현재 2. 곧 3. 그런데
conj. …이니까, …인 이상(Now (that) S+V)

↳ for now 당분간, 지금으로서는
↳ from now on 앞으로는
↳ right now 지금 바로

Now or never! 지금이 절호의 기회다!

That's enough for now. 이젠 됐어.

Are you dating Michael nowadays?
요즘 마이클과 사귀니?

153 **sweet**

a. 1. 단, 달콤한(↔ bitter), 감미로운 2. 친절한
n. 1. (pl.) 사탕 2. 귀여운 당신

↳ sweetness n. 단맛, 친절함
↳ sweetheart 연인, 애인(sweetie)

That's so sweet. 고마워라.

That's the sweetest thing I've ever
heard. 듣던 중 제일 듣기 좋은 말이네.

154 **easy**

a. 쉬운(↔ difficult, hard), 편안한 ad. 쉽게, 천천히

> ↳ **ease** n. 편안함
> ↳ **easygoing** 무난한, 까탈스럽지 않은
> ↳ **go easy on** …을 살살(적당히) 하다

Easy does it! 천천히 해!. 조심해!

Take it easy! 좀 쉬어가면서 해!. 진정해!. 잘 지내!

Easier said than done! 행동보단 말이 쉽지!

Easy, easy, easy! 천천히 조심조심!

Real life isn't that easy. 사는 게 그렇게 쉽지는 않아.

155 **problem**

n. 문제, 의문

> ↳ **No problem!** 문제없어!(상대방의 부탁이나 사죄에 대한 답으로)

What's the problem? 무슨 일인데?

These math problems are too difficult.
이 수학 문제들은 넘 어려워.

156 **blow**

v. 1. (바람이) 불다, 바람에 날리다 2. 폭파하다
n. 한 번 불기, 강풍, 강타, 타격

> ↳ **blow out** 불어 끄다, 폭파하다
> ↳ **blow up** 부풀리다, 폭파하다
> ↳ **blow it** 실수로 망치다

The boy had to blow out the candle to make it go out. 소년은 촛불을 불어서 꺼야했다.

157 **whole** a. 전부의, 모든, 완전한 n. 전체, 전부(↔ part)

> ↳ **as a whole** 전체적으로
> ↳ **on the whole** 대체적으로

Our whole crew has arrived.
우리 모든 직원이 도착했어.

158 **charge** v. 1. (돈을) 청구하다, (…의 계좌에 비용을) 기록해두다
  2. 신용카드로 결재하다
  3. 고소하다, 비난하다(charge A with B)
  4. (전지에) 충전하다
n. 1. 요금 2. 책임 3. 공식적인 비난, 고소 4. 충전

> ↳ **charger** n. 충전기
> ↳ **be in charge of** …을 책임지고 있다
> ↳ **extra charge** 추가요금
> ↳ **free of charge** 무료로(at no cost)

Who is in charge? 누가 책임자야?

(Will that be) Cash or charge?
현금으로요 아니면 신용카드로요?

Would you like to pay by cash or charge? 현금으로 낼래요 아님 신용카드로 낼래요?

159 **field** n. 1. 들(판) 2. 분야(방면) 3. 경기장

> ↳ **field trip** 야외연구조사
> ↳ **field work** 현지조사, 현장방문

Janet does not know **which field** to major in.
재닛은 정확히 어떤 분야를 전공해야 할지 모르고 있어.

---

160 **big**　　a. 큰, 중대한

> ↳ **Big Apple** 미 뉴욕시의 애칭

I'm a big fan of the Korean soccer team.
난 한국 축구팀을 무척 좋아해.

That's[It's] no big deal. 별거 아냐.

---

161 **calm**　　a. 조용한(quiet), 침착한　　n. 고요(함), 평온
v. 진(안)정시키다

> ↳ **calmly** ad. 조용히
> ↳ **calmness** n. 평온, 침착

Calm down! 침착해!

You need to calm down and relax.
마음을 차분하게 가라앉히고 긴장을 풀어야지.

---

162 **beg**　　v. 간청하다, 빌다, 부탁하다

> ↳ **beggar** n. 거지, 가난뱅이
> ↳ **I'm begging you,** 제발 부탁이야.

I beg your pardon? 뭐라고 하셨죠?

I really hate it when people beg money from me. 사람들이 돈을 사정할 때 정말 싫어.

fear

163

n. 두려움, 공포, 불안(anxiety) v. 두려워하다, 근심하다

↳ **fearful** a. 두려운(terrible), 걱정하는(afraid)
↳ **for fear of** …을 두려워하여

The only thing you have to fear is fear itself. 네가 두려워해야할 건 오로지 두려움 그 자체인거야.

sick

164

a. 1. 병에 걸린 2. 질려서(~of)

↳ **sick leave** 병가
↳ **call in sick** 전화해서 병가내다

My son is sick and I have to take him to the doctor. 아들이 아파서 병원에 데리고 가야한다구요.

kid

165

n. 아이(child)
v. 1. 농담하다, 장난하다(joke) 2. 놀리다(tease)

↳ **No kidding!** 정말야!

You must be kidding. 말도 안돼(You're kidding).
Don't kid Shelly because she might get angry. 셜리가 화낼지 모르니 놀리지마.

special

166

a. 1.특별한, 특수한 2. 전문의 n. 특별제공품

↳ **specialty** n. 전문, 전공, 특제품, 특색
↳ **specialize** v. 전문으로 다루다, 전공하다

Is there some special reason for that?
그래? 뭐 특별한 이유라도 있어?

167 ◈ **real**

a. 1. 현실의, 실제의, 진실(짜)의 2. 부동산의

└ **real estate** 부동산
└ **realtor** 부동산중개업자

Not really. 실제로는 아니야.

Do you really think he'll win the race?
정말 그 사람이 경주에서 이길거라고 보니?

I feel really sick today. 오늘 무척 아파요.

168 ◈ **able**

a. 능력있는, 유능한, …을 할 수 있는

└ **unable** a. …을 할 수 없는
└ **be able to+V** …을 할 수 있다(can do)

**Tom won't be able to come to dinner;
he has to work late.**
탐은 저녁식사하러 갈 수 없어. 그는 늦게까지 일해야 하거든.

169 ◈ **hand**

n. 1. 손 2. 도움 3. 일손
v. A에게 B를 건네주다(hand A B = hand B to A)

└ **hand in** 제출하다(submit)
└ **hand out** (사람들에게) 나누어주다, 배포하다(give
out) *****handout** n. 유인물
└ **give a hand** 도와주다

Raise your hand if you know the answer.
답을 알면 손을 들어라.

**If you need a hand, you know where I
am.** 도움이 필요하면 내게 연락해.

public

170 ◈ **public** a. 공공의, 공립의, 공개의 n. 대중

> ↳ **publicly** ad. 공공연히
> ↳ **in public** 공공연히

The car manufacturer will exhibit its new models to the public next month.
그 자동차 제조업체는 다음달 그들의 신모델을 일반인에게 공개할 것이다.

171 ◈ **save** v. 1. 구하다, 보호하다 2. 절약(저축)하다

> ↳ **savior** n. 구조자
> ↳ **saving** a. 절약하는 n. 절약, 저금, 구조

How much money did you save this summer? 이번 여름에 얼마나 저축했어?

172 ◈ **push** v. 1. 밀다(↔ pull) 2. 강요하다 n. 밀기, 추진, 압박

The woman's pushing a cart.
여자가 수레를 밀고 있다.

Don't push (me)! 몰아 붙이지마!, 독촉하지마!

173 ◈ **bow** v. 머리를 숙이다, 인사하다
n. 1. 절, 경례 2. 활

Shall I wear my bow tie to the wedding?
결혼식에 나비 넥타이를 매야 하나요?

174 **send**

v. 1.(물품을) 보내다(↔ receive), 전송하다
　2. (사람) 파견하다

↳ **send away for** …을 우편으로 주문하다
↳ **send back** 돌려주다

Olaf wants to send the letter airmail.
올라프는 항공우편을 보내고자 한다.

Could you send someone to fix it?
사람 좀 보내 고쳐줄래요?

175 **total**

a. 전체의(whole ↔ partial), 완전한
n. 총계, 합계　v. 총합이 …되다

↳ **totally** ad. 전체적으로
↳ **in total** 전부 합하여

The total comes to 75 dollars.
전부 합쳐 75달러입니다.

This is totally my fault. 모두 내 잘못야.

176 **heavy**

a. 1. 무거운(↔ light)　2. 대량의　3. 강렬한　4. 힘든

↳ **heavily** ad. 무겁게, 몹시

Traffic is very heavy today. 오늘 차가 너무 막혀.

My head feels heavy. 머리가 무거워.

177 ● **ride**   v. 타다, 승차하다, 승마하다   n. (탈 것에) 태움

  ↳ **rider** n. 타는 사람
  ↳ **give A a ride** A를 태워주다

Do you want me to give you a ride to the airport? 내가 공항까지 태워다 줄까?

Thank you for the ride. 태워다줘서 고마워요.

178 ● **cute**   a. 귀여운, 이쁜

  ↳ **cutie** n. 이쁘고 귀여운 사람
  ↳ **handsome** a. (주로 남자가) 잘 생긴

I like guys who are smart and a little cute. 똑똑하고 좀 귀여운 남자를 좋아해.

179 ● **fight**   v. 싸우다   n. 싸움, 전투

  ↳ **fighter** n. 전투기, 권투선수
  ↳ **have a fight with sb** …와 싸우다

We fight a lot. 우린 싸움을 많이 해.

I had a fight with my wife this morning.
오늘 아침 마누라하고 싸웠어.

180 ● **side**   n. 1. 쪽, 측면 2. 가장자리   v. …의 편을 들다

  ↳ **on the other side** 반대쪽의
  ↳ **side by side** 나란히

Look at the bright side. 밝은 면을 보라고.

Let me ask you a question. Which side are you on? 하나 물어보자. 어느 편야?

181 ◈ **late**

a. 1. 늦은(↔ early), 지각한 2. 최근의 3. 작고한
ad. 늦게

↳ **lately** ad. 요즈음, 최근(recently)
↳ **be late for** …에 늦다

If you're late again, you're fired.
또 지각하면 해고야.

I've been feeling very stressed lately.
요즘 스트레스를 넘 많이 받았어.

182 ◈ **mad**

a. 1. 화난(angry), 미친 2. 열광적인, 몹시

↳ **get mad** 화나다
↳ **get A mad** A를 화나게 하다

Why are you so mad at me?
왜 나한테 화가 난거니?

183 ◈ **fire**

n. 1. 화재, 불 2. (총)포화, 발포
v. 1. 발사(포)하다 2. 해고하다

↳ **fire exit** (화재) 비상구
↳ **be(get) fired** 해고되다

The grocery is on fire! 식료품점에 불났어!

I can't believe they're going to fire him.
그 사람을 해고시킬 거라니 정말 놀랠 노자야.

83

184 **reach**

v. 1. …에 도착하다(get to, arrive at) 2. 연락을 하다
3. (잡으려고) 손발을 뻗치다
n. 1. 손발을 뻗칠수 있는 거리 2. 범위

↳ **beyond one's reach** …의 손이 닿지 않는
↳ **within reach of** …의 손이 닿을 수 있는 곳에

Is this the right road to reach Wall Street?
이 길이 월스트리트로 가는 길 맞나요?

185 **usual**

a. 보통의, 일상의

↳ **usually** ad. 보통, 일반적으로
↳ **as usual** 여느 때처럼, 평소와 같이

I usually go to bed late. 난 보통 늦게 잠자리에 들어.

**We are doing a lot more work than
usual.** 우리는 평소보다 더 많은 일을 하고 있어요.

186 **act**

n. 1. 행위, 행동 2. 법령 3. (연극) 막
v. 1. 하다, 행동하다 2. 연기하다 3. 작용하다

↳ **acting** a. 대리의, 임시의 n. 연기, 연출
*acting manager 지배인대리
↳ **active** a. 활동적인
↳ **get one's act together** 정신차리고 효율적으로
행동하다

**Have you ever seen him act that way
before?** 너 전에 저 친구가 저런 짓 하는거 본 적 있어?

He is such a great actor. 그는 정말 훌륭한 배우야.

187 foot

n. 1. 발, 다리부분 2. 밑부분 3. 피트(약 30cm)

↳ get back on one's feet 재기하다
↳ on foot 걸어서

It'll take around 1 hour on foot.
걸어서 1시간 정도 걸릴거야.

188 kind

n. 종류, 성질 v. 친절한(↔ unkind)

↳ a kind of 일종의…
↳ kind of (부사적으로) 약간, 좀
↳ of a kind 같은 종류의

What kind of work do you do?
무슨 일 하는데요?

Is this some kind of joke?
장난하는 거지?

I thought it was kind of boring.
좀 지루한 것 같았어.

189 taste

v. 1. 맛을 보다 2. 경험하다
n. 1. 맛, 미각 2. 취미, 심미안

↳ tasty a. 맛있는
↳ tasteful a. 맛을 아는

Does the food taste all right?
음식 맛 괜찮아요?

carry

v. 1. 운반하다 2. (몸에) 지니다, 수반하다
3. (상점에서) 팔다

> ↳ **carrier** n. 1. 나르는 사람, 우편배달원 2. 운수회사 3.
> 항공모함
> ↳ **carry on** 계속하다
> ↳ **carry out** 실행하다

Do you carry ink cartridges?
잉크 카트리지 있습니까?

A: **We need a few more hours to finish this work, sir.**
이 일을 끝내려면 몇시간 더 있어야 돼요.

B: **Well, carry on.** 그래, 계속하라고.

touch

v. 1. …에 닿다, 접촉하다 2. 감동시키다 n. 접촉, 교제

> ↳ **touchy** a. 까다로운
> ↳ **touching** a. 감동시키는
> ↳ **touch down** 착륙하다, 터치다운하다(미식축구)

How can I get in touch with him?
그 사람 연락처가 어떻게 됩니까?

Let's keep in touch. My e-mail address is sillage@nate.com.
계속 연락하고 지내자. 내 이메일 주소는 sillage@nate.com이야.

192 ◉ **coach** n. 1. (경기) 코치 2. (철도) 객차, 버스
3. (열차/비행기) 가장 저렴한 자리 v. 지도하다

The baseball coach decided to quit his job. 아구팀 코치는 그만두기로 결심했다.

193 ◉ **bad** a. 나쁜, 불량한

↳ **badly** ad. 나쁘게, 대단히, 몹시
↳ **bad habits** 나쁜 버릇
↳ **feel bad** 기분이 나쁘다

That's too bad. 그것 참 안됐다.

194 ◉ **worse** a. (bad, ill의 비교급) 보다 나쁜(↔ better)
ad. 더 나쁘게(↔ better)

↳ **what is worse** 설상가상으로(to make matters worse)
↳ **none the worse** 역시, 그럼에도 불구하고
↳ **get worse** 악화되다

Could be worse. 그럭저럭 잘 지내지.

This food is worse than the food I cook.
이 음식은 내가 요리한 음식보다 더 안 좋아.

tip could be better vs. could be worse

(Things) Could be better.
(더 좋아 질 수도 있는데 그렇지 않아) 별로야, 그냥 그래.

(Things) Could be worse.
(더 나빠 질 수도 있는데 그렇지 않아) 괜찮아, 좋아.

195 worst

a. (bad, ill의 최상급) 최악의, 가장 나쁜(↔ best)
ad. 가장 나쁘게 n. 최악(의 것)(↔ best)

  ↳ **worst of all** 무엇보다도 나쁜 것은

This winter had **the worst** snowstorm I can remember.
이번 겨울은 내가 기억하는 한 최악의 눈보라가 쳤어.

196 place

n. 1. 장소, 곳 2. 지위 v. 1. 두다, 놓다 2. 배치하다

  ↳ **take place** 일어나다(happen, occur)
  ↳ **place an order** 주문하다
  ↳ **if I were in your place** 내가 당신의 처지라면

We can use this **in place of** the broken one. 망가진 것 대신에 이것을 사용하면 된다.

There is **a time and a place for everything.** 모든 일에는 다 때가 있는 법.

197 absent

a. 1. 부재의, 없는 2. 방심상태의

  ↳ **absence** n. 부재, 결석(근)
  ↳ **absent-minded** 멍한
  ↳ **absent oneself from** …을 비우다, 결석(근)하다
    (be absent from)

I have been very **absent-minded** lately.
최근들어 아주 넋나간 사람처럼 지냈어.

You **were absent from** work again.
너 또 결근했어.

198 ◈ **fine**

a. 1. 훌륭한 2. 날씨가 맑은   v. 정제하다
n. 벌금 v. 벌금을 과하다

↳ **fine print** 작은 활자 (부분)

Everything will be fine. 모든 게 잘 될거야.

I'm fine. How about you? 잘 지내. 넌 어때?

That's fine with me. (난) 괜찮아.

199 ◈ **chance**

n. 기회(opportunity), 가능성(possibility), 운(luck)
v. 1. (위험을 무릅쓰고) 부딪혀보다 2. 우연히…하다

↳ **Chances are that S+V** 아마 …일 것이다
↳ **by chance** 우연히(by accident, accidentally)
↳ **by any chance** 혹시

I'll do my best if you give me another chance. 기회를 한 번만 더 주면 최선을 다할게요.

He met his girlfriend for the first time by chance. 걘 애인을 우연히 처음 만났어.

200 ◈ **heart**

n. 1. 심장 2. 마음, 감정 3. 중심

↳ **learn[know] ~ by heart** …을 암기하다
↳ **in the heart of** …의 한가운데에

Have a heart. 한번만 봐줘. 온정을 베풀라구.

My heart goes out to you.
진심으로 위로의 마음을 전합니다.

You need to learn these rules by heart.
이 규칙들을 외워야 돼.

UNIT

5

201-250

201 free

a. 1. 자유로운 2. 한가한 3. 무료의 v. 자유롭게 하다

↳ free of charge 무료로
↳ for free 무료로(for nothing)
↳ feel free to+V 편히 …하다

Feel free to ask if you have any questions.
질문있으면 언제라도 해.

I work freelance as a designer
프리랜서로 디자이너일을 해.

202 spread

v. 1. 펴다, 펼치다 2. 바르다

↳ spread rumors about~ …에 대한 소문을 퍼트리다

They've been spreading rumors about us. 걔들이 우리에 관한 소문을 퍼트리고 있어.

203 teach

v. 가르치다, 교육하다

↳ be taught to+V …하라는 가르침을 받다

A: **Our teacher farted in class.**
선생님이 수업 중에 방귀를 뀌셨어.

B: **That's so embarrassing!** 정말 황당하다!

204 broad

a. 1. 폭넓은(↔ narrow), 광대한 2. 대강의

↳ broadly ad. 넓게, 널리
↳ broadcast v. 방송하다

The street the old woman crossed was very broad. 노부인이 건너는 저 거리는 매우 넓어.

205 **answer**　n. 대답, 해답, 대응　v. (질문에) 답하다, (요구에) 응하다

⌐ answer one's call ⋯의 전화를 받다

I'll give you an answer after giving it some thought. 생각 좀 해보고 답줄게.

Could you answer it for me?
(문/전화) 대신 좀 열어[받아]줄래?

206 **tour**　n. 관광여행, 유람여행, 짧은 여행, 순회공연

⌐ tourist n. 관광객
⌐ tourist attractions 관광지

Where's the tourist information center?
관광 안내센터가 어디에 있어요?

Would you like to take a tour?
한번 돌아보실래요?

207 **travel**　v. 1. 여행하다　2. (빛/소리 등이) 이동하다
n. (장거리) 여행

⌐ traveler n. 여행자
⌐ travel agency 여행사

It was difficult to travel during the holiday. 휴일에 여행하는게 힘들었어.

age

208 **age**　n. 1. 나이, 성년, 세대　2. 시대　v. 나이 들다, 늙다

> ↳ for ages 오랫동안
> ↳ at the age of+나이 몇 세에
> ↳ come of age 성년이 되다

Act your age! 철 좀 들어라!

She looks young for her age.
걔는 나이에 비해 어려보여.

209 **wise**　a. 현명한, 지혜로운

> ↳ wisely ad. 슬기롭게
> ↳ wisdom n. 지혜, 현명함

He's wise for his age. 걔는 나이에 비해 현명해.

It would be wise to wait until tomorrow to begin. 내일이 올 때까지 기다리는게 현명할거야.

tip wise vs. clever vs. bright vs. intelligent
> wise 경험을 통해 지혜가 있어 현명한
> clever 영리한
> bright 두뇌가 좋은
> intelligent 이지적으로 총명한

210 ◈ slow

a. 느린(↔ fast), 늦은, 둔한   v. 속도를 늦추다

↳ **be a slow learner** 배우는 데 느리다(be slow at learning)

↳ **slow down** 속도를 늦추다

Slow down. You're going to make mistakes. 천천히 해. 실수하겠다.

You should start exercising slowly or you could get hurt.
운동을 천천히 시작해야지 아니면 다칠 수 있어.

211 ◈ luck

n. 운, 행운

↳ **lucky** a. 운좋은, 행운의
↳ **luckily** ad. 운좋게

Good luck to you! 행운을 빌어!

I was just lucky. 그냥 운이 좋았어.

Today is my lucky day. 오늘 일진 좋네.

212 ◈ win

v. 1. 이기다(↔ lose) 2. 획득하다, (명성) 얻다
n. 승리(↔ loss)

↳ **win or lose** 이기든 지든

I think I can win this chess game.
이번 체스경기를 이길 것 같아.

Someday I'll win the lottery.
언젠가 복권에 당첨될거야.

213 ◉ move

v. 1. 이동(사)하다 2. 감동시키다 3. (회의) 제안하다
n. 1. 움직임, 이동 2. 이사

↳ **move in(out)** 이사해오다(가다)
↳ **be moved by** …에 감동하다
↳ **move on** 잊고 다음으로 넘어가다

I want you to move in with me.
나랑 함께 살자.

I heard that he moved to Hollywood.
걔가 할리우드로 이사갔다며.

214 ◉ different

a. 다른, 상이한(↔ indifferent)

↳ **differ** v. 차이가 나다
↳ **difference** n. 1.다름, 차액 2. (의견)차이, 불화(↔ indifference 무관심)

This is a totally different situation.
전혀 다른 상황야.

215 ◉ same

a./ad./pron. 동일한, 같은(↔ different), 마찬가지

↳ **feel the same** 같은 느낌이다
↳ **at the same time** 동시에

Same here. (음식주문) 나도 같은 걸로.

I feel the same way. 나도 그렇게 생각해.

Mi-ra is dating two guys at the same time. 미라는 동시에 두명의 남자와 데이트하고 있어.

ready

a. 준비된(prepared)

↳ **be ready to+V** …할 준비가 되어 있다, 기꺼이 …하다
↳ **get ready** 준비하다

Okay, I'm all ready to go now.
좋았어. 이제 갈 준비가 다 됐어.

Is everything ready for the presentation?
발표회 준비 다 됐어?

care

n. (아픈 사람, 어린이) 돌보기, 간호, 관심
v. 관심갖다, 신경쓰다, 돌보다

↳ **health care** 건강관리
↳ **take care of** 1. …를 돌보다 2. …을 처리하다
↳ **Would you care for+N/to+V?** (정중) …하시겠습니까?

Take care! 잘지내! (헤어질 때 인사)

Who cares? 알게 뭐야?

I don't care. 난 상관없어.

I will take care of your son while you're out. 네가 나간 사이 네 아들 내가 돌보아줄게.

> **tip** care for
>
> ▸ care for [긍정문] 돌보다(look after)
> **I got to love the nurse who had cared for me.**
> 날 간호해준 간호사를 사랑하게 되었어.
>
> ▸ care for [부정, 의문문] 좋아하다, 원하다
> **Would you care for another drink?**
> 한 잔 더 할래요?

word

n. 1. 말, 이야기 2. 약속(one's word) 3. 소식
   4. (복수형) 말다툼
v. (신중히 선택된 말로)…을 표현하다

↳ **wording** n. 말씨, 어법
↳ **keep one's word** 약속을 지키다
↳ **give sb one's word** 약속을 하다

I gave you my word for it. 맹세코 그렇다.

Can I have a word with you for a moment? 잠시 이야기할 수 있을까요?

▶ **tip** have a word with vs. have words with

▸ have a word with …와 잠깐 이야기하다
I need to have a word with you after the meeting.
회의 후에 나와 얘기 좀 해야 돼.

▸ have words with …와 다투다
The two drivers had words with each other after the traffic accident.
두 운전자는 교통사고 후에 서로 다투었어.

bear

v. 1. (아기를) 낳다 2. (꽃) 피다 3. 나르다, 몸에 지니다
(carry) 4. 견디다, 참다 n. 1. 곰 2. (증권) 약세

↳ **born** a. 타고난, 선천적인
↳ **bearable** a. 견딜 수 있는
↳ **bearing** n. 태도, 관계(relation), 방위(directions)

I can't bear to watch anymore Television. 더 이상 텔레비전 보는 것 못 참겠어.

What is the bearing of this ship?
이 배의 방위가 어떻게 돼요?

220 ◈ mistake

n. 잘못, 실수

↳ **make a mistake** 실수하다
↳ **by mistake** 실수로

That's all right. It's a common mistake.
괜찮아. 다들 하는 실수인데.

It was my mistake. 내 잘못이야.

221 ◈ far

ad. 1. 멀리 2. 훨씬 a. 먼, 멀리

↳ **by far** 훨씬(very much)
↳ **far from~** …에서 멀리, 조금도 …아니다

You're going too far. 너무하는군.

Angie lives too far from her job.
앤지는 직장이 집에서 너무 멀어.

▶ **tip** farther vs further

모두 far의 비교급으로 farther는 거리를 뜻할 때,
further는 시간, 수량, 정도의 뜻일 때 사용된다는 원칙이
있으나 현대영어에서는 거리나, 정도 모두 further로 쓰는
경향이 강함.

222 ◈ simple

a. 단순한, 간단한(↔ complex)

↳ **simply** ad. 단순히, 아주, 정말
↳ **simplify** v. 단순화하다

It was a simple mistake. 단순한 실수였어.

223 ◈ dead

a. 1. 죽은(↔ alive)　　ad. 아주
n. 1. 사자 2. 한창

   ↳ **deadly** ad. 치명적인
   ↳ **be dead against** …에 결사반대하다

You told me a lie? You're dead man.
거짓말했다고? 넌 죽었어.

I am dead serious.　정말 진심이야.

You're dead wrong.　넌 완전히 틀렸어.

224 ◈ true

a. 진실한, 정말의

   ↳ **come true** 실현되다
   ↳ **to tell (you) the truth** 사실을 말하자면

Tell me the truth.　사실대로 말해.

I'm telling the truth.　진짜야.

225 ◈ fresh

a. 신선한, 생기있는, 새로운(novel)

   ↳ **freshman** 신입생

In Paris, I used to eat a freshly-baked croissant every morning.
파리에서는 매일 아침 갓 구워낸 크로와상을 먹곤 했었지.

226 ◈ **busy**

a. 1. 바쁜 2. 교통이 혼잡한

↳ **be busy (with) ~ing** …하는데 바쁘다

A: **I'm pretty busy with school.**
학교 다니느라 무척 바빠.

B: **I know the feeling!** 알만 해!

227 ◈ **quite**

ad. 아주, 정말

↳ **quite a (+ N)** 상당한, 제법

This is quite a traffic jam. 교통이 꽉 막혔네.

I see her quite often. 난 걔를 꽤 자주 만난다.

> **tip** quite vs quiet vs quit vs quick
>
> ▸ quite *ad.* 아주, 정말
>   She is quite strange. 걔는 꽤 이상해.
>
> ▸ quiet *a.* 조용한
>   She kept quiet. 걔는 조용히 있었다.
>
> ▸ quick *a.* 빠른
>   She is very quick to understand.
>   걔는 무척 빨리 이해해.
>
> ▸ quit *v.* 그만두다
>   She quit the job. 걔는 일을 그만두었어.

228 ◈ **text**

n. 본문, 원문, 문자메시지 v. 문자를 보내다

↳ **send sb a test (message)** …에게 문자를 보내다

**Did you see that I sent you a text
message?** 내가 보낸 문자 메시지 받았어?

229 **low** a. 1. 낮은(↔ high), 적은 2. 기운이 없는 ad. 낮게

↳ **lower** a. 아래의, 하급의 v. 낮추다, 내리다(↔ raise)

The low price of the product caused many people to buy it.
그 제품은 가격이 낮아 많은 사람들이 구매를 했어.

230 **fly** v. 1. 날다, 비행하다 2. 도망가다, 급히가다 n. 비행, 날기

↳ **flight** n. 비행
↳ **flier[flyer]** n. 조종사, (광고) 전단

My plan is to **fly to** Japan this weekend.
나의 계획은 이번 주말에 일본에 가는 것이다.

231 **pity** n. 동정, 유감스러운 일
v. (불행한 상대방을) 불쌍히 여기다

↳ **out of pity** 가엾게 여겨

A: **I just missed him.** 방금 그 남자를 놓쳤어요.

B: **What a pity!** 저런!

232 **picture** n. 1. 그림, 사진 2. 상황

↳ **get the picture** 이해하다

May I **take a picture?** 사진 찍어도 돼요?

I **get the picture.** 알겠어.

control

n. 1. 지배, 통제, 억제 2. (기계, TV) 조종장치
v. 통제하다, 제한하다(limit)

  ↳ lose control of …를 통제하지 못하다
  ↳ out of control 통제불능의

If you lose control of your car, you'll probably crash.
차를 통제못하면 충돌하게 돼.

John got really out of control when he was drunk.
존은 술마신 후 통제불능 상태였어.

tear

[tiər] n. 눈물 v. 눈물을 흘리다
[tɛ́ər] v. 찢다, 잡아채다 n. 째진 틈, 찢어진 곳

  ↳ tear down 헐다, 부수다
  ↳ burst into tears 왈칵 눈물을 터트리다
  ↳ shed tears 눈물을 흘리다

I was told that they are going to tear down the building.
그 건물을 헐어버릴 거라던데.

The owner is planning to tear down the old building.
주인은 그 낡은 건물을 헐 예정이다.

I shed tears when I left her at the airport.
공항에서 그녀와 헤어질 때 눈물을 흘렸다.

235 **well**

ad. 잘, 충분히 a. 건강한(healthy) n. 우물
interj. 이것 참, 그런데, 그럼, 저기

↳ **be well off** 잘산다
↳ **might as well+V** …하는 것이 낫다
↳ **pretty well** 꽤, 잘

Well done! 잘했어!(Good job!)

We're a well-matched couple.
우린 잘 어울리는 커플야.

236 **clean**

a. 깨끗한(↔ dirty), 정결한, 결백한 v. 깨끗하게 하다

↳ **clean out** 깨끗이 청소하다
↳ **clean up** 깨끗이 하다, 정화하다

The woman's cleaning her glasses.
여자가 자신의 안경을 닦고 있다.

I cleaned your house while you were gone. 외출했을 때 집청소를 해놨어.

237 **law**

n. 법, 법률, 법칙

↳ **break[keep] the law** 법을 위반하다(지키다)
↳ **file a lawsuit** 소송을 제기하다

It is against the law to hit someone.
다른 누군가를 때리는 것은 불법이야.

The man filed a lawsuit after his son was injured. 그 남자는 아들이 부상당하자 고소를 했다.

238 **raw**

a. 1. 날것의(fresh), 가공하지 않은 2. 미숙한, 무경험의

↳ **raw material** 원료

↳ **in the raw** 자연 그대로, 가공하지 않고

I eat a lot of raw vegetables.
난 생야채를 많이 먹어.

We import raw material from Australia into Asia. 우린 원료를 호주에서 아시아로 수입해.

239 **rich**

a. 1. 부자의 2. 비옥한 3. 많은, 풍부한

↳ **enrich** v. 부유하게 하다, 풍부하게 하다

↳ **the rich** 부유층(↔ the poor)

The rich are not always happy.
부자라고 항상 행복한 것은 아니다.

South Africa is a country rich in diamonds. 남 아프리카는 다이아몬드가 풍족한 나라야.

240 **sleep**

v. 잠자다(↔ wake), 활동하지 않다 n. 수면

↳ **sleepy** a. 졸린

↳ **sleepless** a. 잠 못 자는

Let me sleep on it. 곰곰히 생각 좀 해보고.

You look sleepy today. 오늘 피곤해 보여.

style

n. 1. 방식, 양식, 모양 2. 유행 3. 문체

↳ stylish a. 유행의
↳ stylist n. 디자이너

This is a very fashionable style this year.
금년에 유행하는거예요.

lot

n. 제비뽑기, 몫(share), 토지, 구역, 운(명)

↳ a lot[lots] 많은, 많이
↳ a lot of[lots of]+N 많은…
↳ parking lot 주차장

Jill lost a lot of weight. She looks beautiful. 질이 살이 많이 빠졌어. 아름다워보여.

Thanks a lot. 정말 고마워.

steady

a. 안정된, 변하지 않는, 견고한

↳ steadily ad. 꾸준히, 끊임없이
↳ go steady (with~) (…와) 지속적으로 사귀다

Steady and slow wins the race.
천리길도 한 걸음부터.

Are you going steady with someone?
사귀는 사람 있어?

244 wrong

a. (도덕적으로) 나쁜(↔ right), 잘못된(↔ correct)
ad. 나쁘게, 틀리게
n. 1. 악 2. 부정, 부당

↳ **wrongly** ad. 부정하게, 나쁘게
↳ **wrongful** a. 부정한, 불법의
↳ **go wrong** 실패하다, 고장나다

What's wrong with you? 무슨 일이야?

He never admits he is wrong.
걔는 자신이 틀렸다는 걸 절대로 인정 안 해.

245 favorite

n. 좋아하는 것 a. 마음에 드는

↳ **favor** n. 호의, 친절

Julie, who's your favorite actor?
줄리, 제일 좋아하는 배우가 누구야?

My favorite saying is "Seize the day!"
내가 좋아하는 속담으로는 "현재를 즐겨라!"야.

246 accept

v. 받아들이다, 수락하다

↳ **accepted** a. (사람들로부터) 인정된
↳ **acceptable** a. 받아들일 수 있는, 마음에 드는

Please accept my sincere apologies.
진심어린 사과를 드립니다.

I decided that I won't accept your offer.
네 제안을 받아들이지 않기로 했어.

example
n. 예, 보기, 견본, 모범

↳ **give an example** 예를 들다
↳ **for example** 예를 들면(for instance)

We expect you to follow Jim's example.
우린 네가 짐의 전례를 따르길 기대해.

notice
n. 1. 주의 2. 통지, 통고, 경고 3. 게시
v. 1. …을 인지하다, 알아채다 2. 주의하다

↳ **notify** v. 통지하다, 공시하다
↳ **at short notice** 돌연, 급히
↳ **without notice** 예고없이

**My boss never notices the hard work I
do.** 사장은 내가 열심히 일하는 걸 몰라.

award
n. 상, 상품, 상금 v. (상을) 수여하다

↳ **win an award** 상을 받다

**Our department won an award for
excellence.** 우리 부서가 우수상을 받았어.

convenient
a. 편리한, 사용하기 좋은

↳ **convenience** n. 편리, 편의

**The store is convenient because it is
open 24 hours.** 이 가게는 24시간 열어 편해.

UNIT

6

251-300

251 **request** v. 요청하다(beg) n. 요청, 요구

↳ **as requested** 요청받은 대로

I'd like to request a wake-up call.
모닝콜을 부탁하고 싶습니다.

I gave my boss the report, as requested.
지시받은 대로 사장에게 보고서를 제출했어.

252 **degree** n. 1. 정도(extent) 2. (온도, 각도 등) 도 3. 학위

↳ **by degrees** 점차로
↳ **to a degree** 어느 정도, 다소
↳ **to some degree** 다소, 얼마간은

I'm planning to study for a master's degree. 공부를 해서 석사학위를 받으려고 해.

It's too hot. It must be at least forty degrees. 너무 더워. 적어도 40도는 될거야.

253 **memory** n. 기억(력), 기념(물)

↳ **memorial** a. 기념의, 추도의 n. 기념물, 기념비, 기록
↳ **memorable** a. 기억할 만한

If memory serves me correctly, it's at 7.
내 기억이 맞다면 그건 7시에 해.

As you get older, your memory gets worse. 나이가 들수록 기억력은 나빠진다.

254 mood

n. 기분, 분위기

> ↳ **be in a good mood** 기분이 좋다(be happy)
> ↳ **be in no mood for+N/to+V** …할 마음이 없다

I'm serious, he's in a really bad mood.
정말야. 걔 기분이 패나 안 좋은 것 같아.

What is the mood among the office staff these days?
요즈음 사무실 직원들 사이에 분위기는 어때?

255 cancel

v. (약속, 예정 등) 취소하다, 중지하다(call off)

I'm afraid I have to cancel tomorrow's appointment. 내일 예약 취소해야겠어요.

Please cancel my credit card.
신용카드를 정지시켜주세요.

tip cancel vs. conceal

▸ cancel v. 취소하다(call off)
The seminar's been canceled. 세미나는 취소되었다.

▸ conceal v. 숨기다(hide)
Sara tried to conceal her new boyfriend from her parents. 새러는 남자친구를 부모님에게 숨기려했다.

256 cloth

n. 천, 직물

> ↳ **put on[take off] clothes** 옷을 입다(벗다)

She suggested that I buy some new clothes. 걔는 나에게 새 옷을 좀 사라고 권했다.

policy

n. 1. (정부, 정당) 정책 2. 방침
  3. 보험증권(insurance policy)

ㄴ policyholder 보험계약자

We have to change our policy first.
먼저 우리 정책을 바꾸어야 해.

The school's policy doesn't allow students to wear jeans.
학교방침은 학생들의 청바지 착용을 금지한다.

private

a. 1. 사유의, 개인소유의 2. 사적인(↔ public)
  3. 비밀의, 비공개의(secret) 4. 사립의 n. 병사, 사병

ㄴ privacy n. 사적자유, 사생활, 비밀 (↔ publicity)
ㄴ private school 사립학교

I spent five days relaxing on a private beach. 개인용 해변에서 5일간 쉬었어.

fee

n. 보수, 요금

ㄴ membership fee 회비

The fee to enter the museum is 2,000 won. 박물관 입장료는 2천원이야.

260 ◉ **sale**

n. 1. 판매, 팔기 2. 염가매출

↳ for sale 팔려고 내놓은
↳ not for sale 비매품
↳ on sale 1. 팔려고 내놓아 2. 특가로 내놓아

We're having a big sale this week.
이번주에 대규모 세일해요.

This is a hot sale item nowadays.
이건 요즘 잘 나가는 품목이예요

261 ◉ **secret**

a. 비밀의, 극비의 n. 비밀, 비결

↳ secretly ad. 비밀로, 몰래
↳ keep a secret 비밀을 지키다

Can I trust you to keep a secret?
비밀 지킬거라고 믿어도 돼?

Getting up early is the secret of my good health. 일찍 일어나는게 내 건강비결야.

262 ◉ **man**

n. 1. 남자 2. 인간, 사람 3. (무관사) 인류(mankind), 인간(human beings) v. 사람을 배치하다

↳ man power 인력
↳ a man[woman] of his [her] word 약속을 잘 지키는 사람

Be a man! 남자답게 행동해라!

Susan will man the store while the manager is on vacation.
지배인이 휴가중에 수잔은 가게에 사람을 배치할거야.

tight

a. 1. 단단한, 팽팽한 2. 빈틈없는, 엄한

> ↳ **tighten** v. 바짝 죄다, 팽팽하게 하다
> ↳ **tighten one's belt** 허리띠를 졸라매다

It's a little bit tight. 너무 쪼이네요.

This is a tight schedule. 일정이 빡빡하네.

loyal

a. 성실한, 충실한(↔ disloyal)

> ↳ **loyalty** n. 충성, 성실

You are a very loyal friend.
너 정말 의리있는 친구로구나.

> **tip** loyal vs. royal
> ▸ loyal *a.* 충실한
>   A dog should always be loyal to its master.
>   개는 주인에게 항상 충성스러워야 한다.
> ▸ royal *a.* 왕의
>   The royal wedding was the most expensive ever held.
>   그 왕실 결혼식은 지금껏 그 어떤 결혼식보다 가장 비용이 많이 들었다.

mental

a. 1. 정신적인, 심리적인(↔ physical 육체적인)
2. 지능의, 지적인

> ↳ **mentally** ad. 정신적으로, 지적으로
> ↳ **mental age** 정신연령

Have you ever spent time in a mental hospital? 정신 병원에 다닌 적 있니?

John **had mental problems** after his wife divorced him.
존은 아내와 이혼 후 정신적 문제가 생겼다.

267 **require**

v. 1. 요구하다(demand) 2. 필요로 하다(need)

↳ **requirement** n. 1. 필요, 필수품 2. 필요조건, 자격
↳ **require A of B** B에게 A를 요구하다

It requires a detailed analysis.
세부적인 분석이 필요해요.

The company will **require** a resume **of** all its job applicants.
회사는 모든 지원자들에게 이력서를 요구할 것이다.

268 **fortune**

n. 1. 행운(good luck), 운, 운세(luck) 2. 재산(wealth)

↳ **fortunate** a. 운좋은(lucky ↔ unfortunate 불행한)

Misfortunes never come singly.
재수가 없으면 뒤로 넘어져도 코가 깨진다.

269 **learn**

v. 1. 배우다, 학습하다(learn to+V) 2. 알다

↳ **learn to+V** …하는 것을 배우다
↳ **learn a[one's] lesson** 교훈을 얻다
↳ **take a lesson** 수업을 듣다

I **haven't learned to** cook Korean food.
한국 음식 요리하는 법을 못배웠어.

Haven't you **learned your lesson** yet?
아직 따끔한 맛을 못봤어?

270 sense

n. 1. 감각, 인식력, 판단력, …감 2. 분별, 사려 3. 의미
v. 지각하다

↳ make sense 말이 되다
↳ a sense of humor 유머감각
↳ in a sense 어떤 점에서는

I had the sense that he would break up with me. 걔가 나랑 헤어지려는 것 같은 느낌이었어.

I have a good sense of taste.
난 맛에 대한 감각이 뛰어나.

Does it make any sense to you?
이게 말이나 되냐?

tip the five senses 오감
the sense of touch 촉각   the sense of hearing 청각
the sense of vision 시각   the sense of taste 미각
the sense of smell 후각
sixth sense 육감(오감을 쓰지 않고 아는 능력)

271 aware

a. 깨닫고, …을 알고 있는, 빈틈없는(↔ unaware 모르는, 방심하는)

↳ awareness n. 자각
↳ be aware of …을 알고 있다

Are you aware of how fast you were driving? 네가 얼마나 빨리 달리는 줄 알아?

You should be aware of criminals if you travel abroad.
해외여행을 한다면 범죄자들을 조심해야 돼.

haste

n. 급함, 성급

└ **hasty** a. 급한, 조급한, 경솔한
└ **make haste** 서두르다(hurry up)

Haste makes waste. 일을 서두르면 망친다.

When something is done in haste, it often turns out poorly.
뭔가 서둘러 마치면 종종 결과가 안좋다.

moral

a. 1. 도덕의, 도덕적인(↔ immoral) 2. 정신적인
n. 1. (pl.) 도덕 2. 교훈

└ **morally** ad. 도덕적으로
└ **morality** n. 도덕성, 교훈

A religious leader needs to be a moral person. 종교지도자는 도덕적인 사람이어야 한다.

> **tip** moral vs. mortal vs. morale
>
> ▸ moral *a.* 도덕의
> The children of today have no moral values.
> 요즘 아이들은 윤리의식이 없어.
>
> ▸ mortal *a.* 치명적인
> Everyone is mortal, except for God.
> 신을 제외하곤 모두 다 죽게 되어 있어.
>
> ▸ morale *n.* 사기, 의욕
> The soldiers had high morale after they won the battle.
> 전투에서 승리한 후 군인들은 사기가 무척 올랐다.

274 ◆ **senior**   a. 1. 손위의, 선임의, 선배의   n. 연장자, 선배, 선임, 상급생

> ↳ **junior** a. 손아래의, 후배의 n. 손아랫 사람, 후배
> ↳ **seniority** n. 연상임, 선임자임

The senior executives are at a meeting right now. 고위 임원들이 현재 회의에 참석하셨다.

My sister is a junior in high school this year. 내 누이는 금년에 고 2야.

275 ◆ **realize**   v. 1. 이해하다, 깨닫다   2. (계획) 실현하다

> ↳ **realization** n. 실감, 실현, 현실화

Once he realized the mistake, he corrected it. 일단 실수를 깨닫자 걔는 그걸 바로 잡았다.

I didn't realize you wanted to meet Hee Soon. 네가 희순을 만나고 싶어한다는 걸 몰랐어.

276 ◆ **sign**   n. 1. 기호, 신호, 기미   2. 표지, 간판   v. 서명하다

> ↳ **signal** n. 신호 v. 신호하다, …의 전조가 되다
> ↳ **signature** n. 서명(하기)
> ↳ **sign a contract** 계약서에 서명하다

I think if you follow those signs you'll get there. 저 표시판들을 따라가면 찾게 될거예요.

I need your signature on this contract before it is submitted.
제출하기 전에 이 계약서에 서명이 필요합니다.

277 **accident** n. 1. 사고 2. 우연(chance)

⌐ **accidental** a. 우연한
⌐ **accidentally** ad. 우연하게(by accident)

He got into a car accident a few days ago. 걘 며칠 전에 차사고를 당했어.

278 **cook** v. (열을 이용하여) 요리하다 n. 요리사

⌐ **cooker** n. 요리기구
⌐ **cooking** n. 요리

Too many cooks spoil the broth.
사공이 많으면 배가 산으로 간다구요.

What's the cooking? 무슨 일이야?

He cooks Italian food pretty well.
걘 이태리 음식을 잘 요리해.

279 **trick** n. 1. 묘기, 재주 2. 계략, 속임수 3. 비결, 요령 4. 장난
v. 속이다, 속여서 빼앗다

⌐ **tricky** a. 속이는, 교활한
⌐ **do the trick** 목적을 달성하다

How's tricks? 잘 지내?

Can you show me how you do that magic trick? 그 마술 비결이 뭔지 가르쳐줄래?

stair

n. (pl.) 계단, 계단의 한 단(step)

> ↳ **downstairs** ad. 아래층으로
> ↳ **upstairs** ad. 윗층으로
> ↳ **run up the stairs** 계단을 올라가다
> ↳ **run down the stairs** 계단을 내려가다

Take my baggage upstairs, please.
가방 좀 윗층으로 가져다 줘요.

adult

a. 어른의, 성인의   n. 성인, 어른(grown-up)

> ↳ **adultery** 불륜

Children must be attended by an adult.
아이들은 반드시 어른을 동반해야 한다.

I met Randy a long time before he became an adult.
랜디가 어른이 되기 훨씬 전에 만났었다.

delay

v. 연기하다(put off), 늦추다   n. 연기, 지연, 유예

> ↳ **without delay** 지체없이, 곧

I am sorry, your flight has been delayed.
죄송하지만 손님 비행편이 연기되었습니다.

They are going to delay the flight because it is snowing.
눈이 오기 때문에 비행편이 연기될거야.

283 except

conj./prep. …을 제외하고, …외에는 v. …을 빼다, 제외하다

↳ **except for** …을 제외하면
↳ **except that S+V** …라는 것 말고는
↳ **make an exception** 예외로 하다

Everybody except me went away.
나를 제외한 모두가 가버렸다.

The food is exceptionally nutritional.
이 음식은 대단히 영양가가 많다.

284 hint

n. 힌트, 암시, 조언 v. 넌지시 말하다, 암시하다

↳ **give a hint** 힌트를 주다

Take the hint, she doesn't want to go out with you.
눈치 좀 있어라, 그 여자는 너랑 데이트하고 싶지 않은거야.

285 mention

v. 말하다, 언급하다 n. 언급, 진술

↳ **mentioned** a. 언급된
↳ **not to mention** …은 말할 것도 없고(without ~ing)

Don't mention it. 별 말씀을.

As I mentioned before, he's a jerk.
전에 말한 것처럼 걔는 멍청이야.

popular

a. 1. 인기있는, 평판 좋은 2. 대중적인, 일반적인

└ **be popular with** …에 인기있다
└ **gain[lose] popularity** 인기를 얻다(잃다)

He's very popular with the girls.
걔는 여자들한테 인기가 좋아.

desire

v. 바라다, 요구하다 n. 원망, 바람

└ **leave nothing[much] to be desired** 유감스러운 점이 없다(있다)

What do you desire to do for your birthday? 생일날 뭐하고 싶어?

Your manner leaves something to be desired. 네 매너는 좀 유감스럽다.

hurry

n. 매우 급함, 서두름 v. 서두르게 하다, 서두르다(haste)

└ **be in a hurry** 급히 서두르다
└ **be in no hurry** 급히 서두르지 않다

Hurry up! 서둘러라!

There's no hurry. 서두를 필요 없다.

If we hurry we'll be able to meet them for drinks.
서두르면 그 친구들을 만나 술을 마실 수 있을거야.

289 ◈ probable

a. 있음직한, 예상되는

⌐ probably ad. 아마, 필시
⌐ It is probable that S+V …할 듯 싶다

It is probable that we will have a thunderstorm this afternoon.
오늘 오후에 천둥이 칠 것 같아.

290 ◈ excite

v. 흥분시키다, (감정 등을) 일으키다

⌐ excited a. 흥분한
⌐ exciting a. 흥분시키는, 자극적인
⌐ be excited about[at/over] …에 흥분하다

I'm so excited. 정말 신나.

What are you so excited about?
왜 그렇게 들떠 있는거야?

291 ◈ trust

n. 1. 신뢰, 신용 2. 위탁
v. 1.신뢰(신용)하다, 믿다 2. 위탁하다

⌐ trustee n. 피신탁인, 보관인
⌐ trustworthy a. 신용할 수 있는
⌐ have trust in …을 신뢰하다

You let me down. I thought I could trust you. 실망했어. 널 믿을 수 있다고 생각했는데.

Can I trust you? 널 믿어도 돼?

motion

292

n. 1. 운동, 동작 2. 동의, 발의

↳ put ~ in motion …을 움직이다

I'll second that motion. 나도 동감이야.

Charlie motions for her to come closer.
찰리는 걔한테 가까이 오라는 동작을 하고 있어.

copy

293

n. 1. 사본, 복사 2. (같은 책의) 부, 권 3. 광고문구, 카피

↳ copyright 저작권, 판권

I need you to copy these documents.
이 서류들 카피 좀 해줘.

responsible

294

a. 책임있는, 신뢰할 수 있는

↳ responsibility n. 책임, 부담
↳ be responsible for …에 대해 책임지다

Not Jim but you should be responsible
for this. 짐이 아니라 네가 이것에 책임을 져야 한다.

star

295

n. 1. 별, 항성 2. 인기(주연)배우 v. 주연으로 출연하다

↳ the Stars and Stripes 성조기

My favorite movie is La La Land,
starring Emma Stone.
내가 가장 좋아하는 영화는 엠마 스톤 주연의 『라라랜드』야.

296 ◈ **dull**

a. 1. 둔한(↔ sharp), 멍청한(↔ bright)
   2. 활기없는(↔ vivid) 3. (이야기) 지루한

I sharpened this knife just last week and it's dull already.
지난 주에 이 칼을 갈았는데 벌써 무뎌.

Mike is kind of dull, but he is a nice guy. 마이크는 좀 둔하지만 괜찮은 친구야.

297 ◈ **action**

n. 1. 활동, 행동, 작용 2. (법) 소송(suit)

↳ take action 조치를 취하다
↳ class action 집단소송
↳ civil action 민사소송

I don't blame you. His actions were totally inappropriate.
그럴만 해. 그의 행동은 완전히 부적절했어.

298 ◈ **counter**

n. 계산대, 판매대   a. 반대의 ad. 반대로
v. 반대하다, 반격하다   n. 반대의 것

↳ run counter to …에 반하다, 거스르다

How can I get to the check-in counter?
탑승수속 카운터로 어떻게 가죠?

You need to go to the lost luggage counter. 수화물 분실 신고대로 가보세요.

figure

n. 1. 자세 2. 인물 3. 도형 4. 숫자, 계산, 가격 5. 비유
v. 1. 중요한 자리를 차지하다, 두각을 나타내다 2. …라고 생각(판단)하다 3. 계산하다

└ **figure out** …라고 이해하다, 짐작하다
└ **famous figure** 유명인

So I figured it out. 그래서 (연유를) 알게 되었지.

That figures. 그럴 줄 알았어.

I think he's lying about the figures.
난 걔가 숫자에 대해 거짓말을 하고 있다고 봐.

hate

v. 1. 미워하다 2. …하기를 싫어하다(hate to +V)
n. 증오, 혐오

└ **hateful** a. 미운
└ **hatred** n. 증오, 원한, 몹시 싫음

A: **How do you like your new job?**
새로운 일이 어때?

B: **I hate it!** 진짜 싫어!

UNIT

7

301-350

301 **serve**

v. 1. 근무(복무)하다, (형기를) 채우다
   2. 봉사하다, 시중들다, 상대하다

↳ **service** n. 봉사
↳ **serving** n. 일인분 음식량

What time do you serve breakfast?
아침은 몇 시에 먹을 수 있습니까?

A: **Can I make reservations?**
   예약을 할 수 있을까요?

B: **No, it's on a first come, first serve basis.** 죄송하지만, 저희는 선착순이라서요.

302 **fill**

v. 채우다

↳ **be filled with** …으로 가득차다(be full of)
↳ **fill out** (서식에) 써넣다
↳ **fill up** 가득채우다

Please fill out the form before you go.
가기 전에 양식서에 기입해주세요.

303 **term**

n. 1. 기간, 학기 2. 조건, 수단 3. 관계 4. 말, 말투, 용어

↳ **come to terms with** …와 타협하다
↳ **be on good terms with** …와 사이가 좋다

Writing this term paper is making me exhausted. 학기말 리포트 때문에 완전 지쳤어.

I am on good terms with all of my neighbors. 난 내 이웃모두와 잘 지내고 있어.

304 **owe**

v. 1. 빚지고 있다 2. 은혜를 입고 있다, …의 덕이다
3. (감사, 경의) 표시해야 한다

┗ **owe A B(owe B to A)** A에게 B를 빚지고 있다,
…은 …의 덕택이다

┗ **owing to+N** …때문에(because of+N)

I **owe it to** my colleagues. 제 동료 덕이에요.

A: I finished your homework for you.
네 숙제 다했어.

B: Thanks! I **owe you one.** 고마워! 신세가 많다.

305 **obey**

v. 복종하다(↔ disobey 불복종하다), 따르다

┗ **obedient** a. 순종하는, 말 잘 듣는(↔ disobedient)

┗ **obedience** n. 복종(↔ disobedience)

You should **obey your parents** when
they tell you to do something.
부모님이 시키실 때는 복종해야 한다.

306 **sincere**

a. 성실한, 진실한(↔ insincere)

┗ **sincerely** ad. 성실하게

┗ **Sincerely yours = Yours sincerely** (편지의
끝에 적는 경구)

Jack's girlfriend loved him because he
was so **sincere.**
잭의 여친은 잭이 무척이나 진실해서 걜 사랑했었다.

307 **pose**

n. 자세, 포즈 v. 1. 자세를 취하다 2. 짐짓 …인 체하다
(pose as+N) 3. (요구) 주장하다, (문제) 제기하다

↳ **position** n. 위치, 지위
↳ **pose a problem** 문제를 제기하다

The photographer asked us to **pose for** another picture.
사진사는 다른 사진을 찍기 위해 포즈를 취해달라고 했다.

308 **rear**

n. 후방, 뒤 a. 후방의
v. 기르다, 양육하다(bring up), 사육하다(feed)

The **rear of** the van is fully packed.
밴의 뒤에는 짐이 가득 실려있다.

The toilets **are in the rear of** the restaurant. 화장실은 식당 뒷편에 있다.

309 **health**

n. 건강, 위생

↳ **healthy** a. 건강한(↔ unhealthy)
↳ **health care** 건강관리

I gave up smoking for **my health.**
건강 때문에 담배를 끊었어.

Nothing can take the place of **good health.** 건강만큼 중요한 게 없어.

310 **ban**

n. 금지 v. 금지하다

The owners **banned** smoking inside this building. 건물주들은 건물내 흡연을 금지시켰다.

311 ⬤ understand

v. 이해하다, 알아듣다

↳ **understanding** a. 이해심이 많은 n. 이해(력), 합의
↳ **misunderstand** v. 오해하다

Can you understand what the professor is saying? 교수가 무슨 말하는지 이해돼?

312 ⬤ hurt

v. 상처내다, 아프다
n. 부상, 상처(wound), 손해(damage), (정신적) 고통

↳ **get hurt** 다치다
↳ **It hurts.** 아프다.

Go ahead! It won't hurt to try.
해봐! 손해볼 것 없잖아.

It doesn't hurt to ask.
물어본다고 손해볼 것 없어, 그냥 한번 물어본 거예요.

313 ⬤ glance

n. 힐긋 봄

↳ **at a glance** 얼핏 봐서
↳ **take a glance at** …을 힐긋 보다

I glanced at Sam and saw she looked quite beautiful. 난 샘을 힐긋봤는데 매우 예뻐보였어.

> **tip** glance vs glimpse
> glance *v.* 일부러 빨리 힐긋보다
> glimpse *v.* 우연히 잠깐 보다

branch

n. 1. 나뭇가지 2. 지점, (학문) 분야

⌐ **a branch manager** 지점장

I'd like to speak to the branch manager, please. 지사장님과 통화하고 싶은데요.

watch

v. 1. 지켜보다, 주시하다 2. 주의하다
n. 1. 조심, 경계 2. 손목시계

⌐ **watch out** 주의하다
⌐ **watch A do/~ing** A가 …하는 것을 보다

Watch out! 조심해!

Watch your step! 발밑을 주의해!

God

n. (God) 신, 하느님

⌐ **goddess** n. 여신
⌐ **godfather** n. 대부
⌐ **for God's sake** 제발, 부디

God bless you! 축복이 내리기를!, 이렇게 고마울 수가!

God damn it! 빌어먹을!

God (only) knows! 누구도 알 수 없지!

▶ **tip** God bless you!

God bless you!는 고맙다는 인사 뿐만 아니라 상대방이 재채기를 할 때 "신의 가호가 있기를"이라는 의미로 쓰이기도 하는데 이는 재채기를 할 때 혼이 달아난다는 미신 때문에 생긴 표현.

introduce

v. 소개하다, 도입하다, 받아들이다

└ **introduction** n. 소개, 도입, 서론(문) (forward, preface)

└ **a letter of introduction** 소개장

I'd like to introduce myself.
제 소개를 하겠습니다.

Are you going to introduce Steve to your parents? 스티브를 부모님께 소개할거야?

object

n. [ábdʒikt] 1. 물체, 대상 2. 목표, 목적
v. [ɔbdʒíkt] 반대하다

└ **objection** n. 반대
└ **objective** a. 객관적인 n. 목적, 목표
└ **object to ~ing** …하는 것을 반대하다

I don't object to working on Saturdays.
난 토요일 근무를 반대하지 않아.

reason

n. 1. 이유, 까닭 2. 이성, 판단력
v. 추론하다, 논리적으로 판단하다

└ **reasonable** a. 분별있는, 이치에 맞는, (가격) 알맞은
└ **It stands to reason that S+V** …은 사리에 맞다, 당연하다

You'd better have a good reason for this. 왜 늦었는지 합당한 이유가 있겠지.

There's no reason to complain.
당연한 결과지.

320 **address**

n. 1. 주소 2. 인사말 3. 연설(speech)
v. 1. 연설하다 2. 주소를 기입하다 3. (문제를) 다루다

↳ **email address** 이메일 주소

I'd like to go to this address.
이 주소로 가려고요.

321 **own**

a. 자기 자신의, 고유한
v. 1. 소유하다 2. …임을 인정하다, 자인하다

↳ **owner** n. 소유자
↳ **on one's own** 자신의 힘으로(independently)

I can't handle all this work on my own.
나 혼자 이 일을 다 처리할 수 없어.

I have my own importing company.
수입회사를 운영해.

322 **exercise**

n. 운동, 연습(practice), 연습문제
v. (체력, 능력) 쓰다, 발휘하다, 훈련하다

You need exercise. 넌 운동 좀 해야 돼.

I haven't been getting enough exercise recently. 요즘 충분한 운동을 못하고 있어.

323 **message**

n. 전언, 통신

↳ **take a message** 메모를 받아두다(↔ leave a message 메모를 남기다)

↳ **farewell message** 고별인사

I can **give a message to** your boyfriend.
네 남자친구에게 메시지를 보내줄 수 있어.

> **tip** message vs. messenger vs. massage
>
> message *n.* 전언, 통신
> messenger *n.* 사자, 심부름꾼, 배달인 (컴퓨터) 메신저
> massage *n.* 안마, 마사지

324 ◉ **invite**

v. 초청(대)하다

↳ **invitation** n. 초대(장)

I'm going to **invite** all of my friends **to** my birthday party.
나는 내 생일파티에 내 친구 모두를 초대할거야.

325 ◉ **one**

a. 1. 하나의 2. 어떤(certain) 3. 유일한(only)
pron. 1. 일반적 사람, 누구든(지), 한 사람
       2. (a+명사의 반복을 피하며) 그와 같은 사람, 그것

↳ **one-way** 일방통행의
↳ **one after another** 차례로
↳ **one another** 서로(each other)

I'll **take[get]** this **one**. 이것으로 할게요.

Transformers is **one of the** greatest movies. 트랜스포머는 가장 훌륭한 영화 중 하나다.

326 • **rest**

n. 1. 휴식, 평안 2. 정지   v. 1. 쉬다 2. 정지하다
n. 나머지, 여분

↳ **rest on** …에 의지하다(depend on, rely on)
↳ **take a rest** 잠시 쉬다
↳ **the rest of** …의 나머지

Go **get some rest.** 가서 좀 쉬어.

I need to **take the rest of** the day off.
오늘은 그만 쉬어야겠어요.

327 • **idea**

n. 1. 생각, 관념(thought, concept) 2. 의견(opinion)
  3. 목적, 의도

↳ **get the idea** 이해하다
↳ **I have no idea [what/where~]** (…인지) 모른다(I don't know)

Sounds like a good idea. 좋은 생각 같은데.

It's not a good idea. 별로 좋은 생각이 아니야.

328 • **station**

n. 1. 역 2. 소, 서, 국, 부 3. 장소, 위치
v. 배치하다

↳ **subway station** 전철역
↳ **police station** 경찰서
↳ **power station** 발전소

Could you tell me where **the closest subway station** is?
제일 가까운 지하철역 좀 알려줄래요?

I ride my bike to the station.
자전거타고 역까지 가.

tip stationary vs stationery

▸ stationary *a.* 정지된

The object was stationary and could not be moved. 그 물체는 고정되어서 움직일 수가 없었어.

▸ stationery *n.* 문구점

Can you pick up some stationery so I can write some letters? 편지 쓸 수 있게 문구류 좀 사올 수 있어?

---

329 ◉ **position** | n. 1. 위치 2. 지위

↳ **be in a position to+V** …할 처지에 있다, …을 할 수 있다

↳ **in my position** 내 입장에서

↳ **if you were in A's position** 네가 A의 입장이라면

If you were in Todd's position, what would you do? 네가 토드의 입장이라면 어떻게 하겠니?

---

330 ◉ **band** | n. 1. 일군의 사람들 2. (띠형태의) 밴드 3. 악단
v. 단결하다

↳ **band together** (공동의 목적으로) 단결하다

↳ **bandaid** 밴드에이드

How many times have you seen this band in concert?
이 밴드 공연을 몇 번이나 보셨어요?

331 die

v. 죽다 n. 주사위(dice)

↳ **diehard** a./n. 완강한 (사람), 끈질긴 사람
↳ **dying** a. 죽어가는, 간절히 …하고 싶어하는
↳ **be dying for+N/to+V** 간절히 …하고 싶어하다, 몹시 …하고 싶어하다
↳ **die of[from]** …으로 죽다

The die is cast. 주사위는 던져졌다.

I'm dying to see her. 걔 보고 싶어 죽겠어.

> **tip** die vs dye
> die [dai] v. 죽다 n. 주사위
> dye [dai] n. 물감, 색조 v. 물들이다, 염색하다

332 dump

v. 1. 내버리다, 처분하다 2. (관계) 끝내다
3. (상품을) 헐값에 팔다

↳ **dumping** n. 투매, 덤핑
↳ **dump truck** 덤프 트럭

Why don't you dump him? There're lots of guys out there. 걔 차버려. 다른 애 많잖아.

333 unit

n. 1. 한 개, 한 사람 2. (구성) 단위 3. 장치의 한 세트

↳ **a unit price** 단가

The book has ten units within each chapter. 이 책은 각 챕터마다 10개의 유닛이 있어.

334 **result**   n. 결과, 성과   v. 결과적으로 …이 되다, 유래하다

> ↳ **result from** …로부터 기인하다
> ↳ **result in** 결과적으로 …이 되다
> ↳ **as a result of** …의 결과로서

We're not pleased with the result.
우리는 그 결과에 기쁘지 않다.

My cold resulted from spending too much time outdoors.
내 감기는 밖에서 너무 많이 시간을 보내다 걸린거야.

335 **serious**   a. 1. 진지한, 본격적인   2. 중대한, 중요한

> ↳ **seriously** ad. 진지하게

Are you serious? 정말야?, 진심이야?

It's a really serious problem. 정말 곤란한 문제야.

336 **percent**   n. 퍼센트, 백분율

I got a score of 87.5(eighty-seven point five) percent. 87.5점 받았어.

tip percent vs. percentage

> ▸ percent : 숫자+percent(이 때 percent는 단위로 복수형 불가)
> ▸ percentage : 형용사+percentage(percentage는 확률, 백분율이라는 뜻으로 단복수가능)
> 하지만 실용영어에서는 별구분없이 쓰임.

337 ● admire   v. 감탄하다, 칭찬하다

> ↳ **admirable**   a. 칭찬할 만한, 훌륭한
> ↳ **admiration**   n. 감탄

I **admire** people who have a good education.   난 교육을 잘 받은 사람이 존경스러워.

---

338 ● casual   a. 1. 우연한, 무심결의   2. 임시의, 평상시의

> ↳ **casually**   ad. 우연히

My boss doesn't mind if I **wear casual clothes** to work.   사장이 캐주얼로 입고 일해도 신경안써.

---

339 ● legal   a. 1. 합법의, 합법적인(lawful ↔ illegal)   2. 법률의

> ↳ **legally**   ad. 법률적으로

We'll give you **the legal help** you need.
네가 필요한 법적인 도움을 줄게요.

---

340 ● pace   n. 1. 한 걸음(step)   2. (걷는) 속도, 페이스
v. (초조히) 왔다갔다 하다

> ↳ **keep pace with**   …와 보조를 맞추다
> ↳ **pacemaker**   (경주) 속도 조정자

It's hard to **keep pace with** marathon runners.   마라톤 선수들과 보조를 맞춘다는 건 힘들어.

341 ⊙ issue

n. 1. (사회/정치/경제) 문제, 논점, 핵심
　 2. 발행, 발행물, (출판물의) …호, 판
v. 1. 내다, 발행하다, 공표하다

↳ political issue　정치문제
↳ the latest issue of Vogue　보그잡지 최신호
↳ at issue　논쟁 중으로, 미해결의

The school board will discuss that issue at the meeting.
학교위원회는 회의에서 그 문제를 논의할 것이다.

What's at issue here is her state of mind.　여기서 문제가 되는 건 걔 마음의 상태이다.

342 ⊙ promise

n. 약속　v. 1. 약속하다　2. …의 가망이 있다

↳ promising　a. 유망한(hopeful)
↳ keep one's promise　약속을 지키다
↳ as promised　약속대로

I promise I won't let it happen again.
다신 그런 일 없을거예요. 약속해요.

I promise (you)!　정말이야!

You need to keep your promise to the children.　애들과의 약속은 지켜야 돼.

🏷 **tip** promise vs. appointment

promise : 내가 뭔가를 하겠다고 상대방에게 하는 약속.
appointment : 병원예약이나 회의약속 등 공식적으로
만나는 약속.

steal

v. (B에게서 A를) 훔치다(steal A from B)
n. 1. 아주 싼 물건(to be very cheap) 2. (야구) 도루

↳ **steal away** 몰래가버리다

Wow, that's a steal! 와, 이거 정말 싸네요!

Bill got caught stealing a coat from the store. 빌은 가게에서 코트를 한 벌 훔치다 잡혔어.

file

n. 1. 서류철, 컴퓨터 파일 2. 열
v. 1. 철하다, 정리보관하다 2. 제출하다

↳ **filing** n. 철하기, 서류정리

The secretary filed the documents in the filing cabinet.
비서는 서류 보관용 캐비닛에 서류들을 정리 보관해 놓았다.

correct

a. 1. 옳은, 정확한(↔ incorrect) 2. 적당한, 적절한
v. 바로잡다, 고치다

↳ **correctly** ad. 바르게, 정확히
↳ **correction** n. 정정, 수정, 교정

That's correct. 맞아.

You're correct. 네가 맞아.

I was wondering if these statistics are correct. 이 통계치가 맞는 건지 궁금해하고 있었어.

346 ◉ **difference**

n. 1. 다름, 차액
2. (의견)차이, 불화(↔ indifference 무관심)

↳ **different** a. 다른, 상이한(↔ indifferent)
↳ **differ** v. 차이가 나다
↳ **make a difference** 차이가 나다

It makes no difference to me. 난 상관없어.

What's the difference? 그게 무슨 상관이야?

347 ◉ **elect**

v. 선출하다, 선거하다, 선택하다

↳ **elect A as B** A를 B로 선출하다

I think he is going to run for mayor in the next municipal election.
그가 차기 시(市) 자치단체장 선거에 시장으로 출마할거라고 생각된다.

348 ◉ **final**

a. 최후의, 결정적인   n. 결승전

↳ **finally** ad. 마침내, 최종적으로
↳ **final result** 최종결과, 기말시험

What was the final score? 최종 점수는?

It's so good to finally meet you in person! 마침내 이렇게 직접 만나게 되니 반가워!

349 exist

v. 존재하다, 있다, 생존하다

↳ come into existence 생기다

Do you think that God really exists?
신이 정말 존재한다고 생각해?

350 height

n. 1. 높이, 신장 2. (pl.) 고지 3. (the~) 절정, 극치

↳ heighten v. 높게 하다(↔ lower 낮추다)
↳ at the height of 한창 …중에

He was terrified of heights.
걔는 높은 걸 무서워해.

UNIT

8

351-400

351 ◉ idol

n. 우상, 숭배대상

↳ **teenage idol** 십대의 우상
↳ **idolize** v. 우상화하다

Pop singers are often idols for younger kids. 팝가수들은 종종 젊은 애들의 우상이다.

> **tip** idol vs. idle
> idol [áidəl] *n.* 우상
> idle [áidl] *a.* 게으른

352 ◉ schedule

n. 일정, 예정표, 시각표(timetable) v. 예정하다

↳ **ahead of schedule** 예정보다 앞서
↳ **behind schedule** 예정보다 늦게
↳ **on schedule** 예정대로
↳ **be scheduled for+N/to+V** …(하기)로 예정되어 있다

The schedule is just too demanding.
일정이 너무 빡빡해.

We're about two days ahead of schedule. 일정보다 한 이틀 앞서가고 있어.

353 ◉ middle

a. 가운데, 중앙의 n. 중앙, 한 가운데

↳ **middle age** 중년
↳ **in the middle of** …을 한창 하는 중에

I have a son in middle school.
중학교 다니는 아들 하나야.

I couldn't believe that Bill left in the middle of the meeting.
빌이 회의 중간에 나가서 얼마나 놀랐는데.

354 **base**　　n. 1. 기초, 토대　2. (군사) 기지　3. (야구) 베이스

↳ **base** a. 천한, 열등한, 조악한
↳ **based** a. …를 근거지로 한, …을 기초로 한
↳ **basic** a. 근본적인, 기초적인
↳ **be based on** …을 근거로 하다

How come the basement is filled with water? 어째서 지하실이 물로 가득하니?

Our economy is based on manufacturing.
우리 경제는 제조업을 근간으로 한다.

355 **main**　　a. 주된, 주요한

↳ **mainly** ad. 주로, 대체로
↳ **Main Street** (미국) 중심가, 큰거리

Where is your main office located?
당신네 본사는 어디에 있습니까?

He was fired mainly because he was not doing his best at work.
걘 직장에서 최선을 다하지 않는다는 이유로 잘렸어.

356 ◈ finish

v. 끝내다, 완성하다, 마치다 n. 끝, 마무리

> ↳ finished a. 끝낸, 완성된(↔ unfinished 미완성의)
> ↳ finish ~ing …을 끝내다

Is it urgent that I finish this?
이거 급히 끝내야 하는거야?

It will take 2 hours to finish my homework.
내 숙제를 끝내는데 2시간 걸릴거야.

357 ◈ difficult

a. 1. (일) 곤란한, 어려운(hard)
   2. (사람) 까다로운(tough)

> ↳ difficulty n. 곤란, 곤경, 장애
> ↳ It is difficult to+V …하는 것이 어렵다
> ↳ have difficulty (in) ~ing …하는 데 무척 고생하다

It's difficult to hear the speaker from the back of the room.
방뒤쪽에서는 연사의 말을 듣기가 어려웠다.

This job is really difficult for me to handle.
이 일을 내가 하기에 정말 어려워.

358 ◈ reveal

v. 1. 드러내다, 누설하다, 폭로하다(disclose)
   2. 보이다, 나타내다

> ↳ revelation n. 폭로, 누설

These reports will reveal important information to you.
이 보고서는 네게 중요한 정보를 알려줄거야.

359 ⊙ **corrupt**

a. 타락한, 부정한, 부패한 v. 매수하다(bribe)

↳ **corruption** n. 부패, 타락, 매수, 위법행위

The corrupt mayor was forced to quit his job. 부정한 시장은 사직하지 않을 수 없었다.

360 ⊙ **service**

n. 1. 봉사, 서비스 2. (회사가 제공하는)서비스, (전기, 수도) 공급, (교통기관) 편, 운항
3. 근무 4. 군무, 병역기간

↳ **be in the service** 군복무중이다
↳ **lip service** 입에 발린 말

I've finally finished my military service.
마침내 군복무를 끝냈어.

We have to work on improving customer service.
우린 고객 서비스를 향상시키기 위해 노력해야 한다.

361 ⊙ **site**

n. 1. 위치, 장소 2. 웹사이트

I go to my favorite sites and download lots of neat things, like jokes, music, and games.
좋아하는 사이트에 가서 농담, 음악, 게임 같은 재밌는 것들을 다운받아.

362 ⊙ **relax**

v. 완화하다, 긴장을 풀다

Just take it easy and try to relax.
걱정하지 말고 긴장을 풀어봐.

363 **cool**

a. 1. 서늘한(↔ warm) 2. 침착한(calm)
   3. 훌륭한, 근사한

↳ That's cool 좋아
↳ Cool down[off]! 진정해!
↳ Be[Keep] cool! 진정해라!
↳ Cool it 진정해. 침착해

A: Are you okay? 잘 지내고 있어?
B: Yeah, I'm cool. 어, 잘 지내.

---

364 **vacation**

n. 휴일, 휴가

↳ on vacation 휴가로(↔ on business 출장으로)

Where should we go for our vacation
this year? 올해 우리 휴가를 어디로 갈까?

A: Hello, is Mr. Jones in the office?
여보세요, 존스 씨 계십니까?

B: No, he's away on vacation.
아니오, 휴가가셨는데요.

---

365 **together**

ad. 함께, 계속하여

↳ get together 모이다
↳ together with …와 함께, …와 더불어

Why don't we get together next Saturday?
다음주 토요일에 좀 만나자.

When do you want to get together to
discuss the exam? 언제 만나 시험에 대해 토의할까?

grade

366

n. 1. 등급, 계급 2. 학년 3. 성적
v. 등급을 매기다, 채점하다

↳ **gradual** a. 단계적인, 점차적인
↳ **get a high grade** 좋은 점수를 받다
↳ **in the fourth grade** 4학년에

These grades are terrible. Get your act together. 성적이 엉망이야. 힘 좀 내라고.

> **tip** freshman 1학년   sophomore 2학년
> junior 3학년   senior 4학년

image

367

n. 1. 상, 초상, 조상(statue)
2. 화상, 꼭 닮음 3. 전체적 인상

↳ **improve one's image** 자기 이미지를 향상시키다

The image of Santa Claus has been crafted for hundreds and hundreds of years. 산타클로스의 이미지는 오랫동안 걸쳐 만들어져왔다.

item

368

n. 항목, 품목, 종목 2. (신문 등의) 기사, 한 항목

↳ **popular item** 인기품목
↳ **item by item** 항목별로

Would you like these items delivered?
이 물건들을 배달해 드릴까요?

How were the items you ordered from the Internet? 인터넷에서 주문한 상품 어때?

151

lesson

n. 1. 학과, 수업 2. 교훈

↳ take English lessons 영어수업을 받다
↳ learn a[one's] lesson 교훈을 얻다

I'm taking swimming lessons.
수업강습을 받고 있어.

I'm going to teach that guy a lesson.
내가 그 녀석에게 본때를 보여줄거야.

major

a. 1. 과반의(↔ minor) 2. 주요한 3. (대학) 전공의
n. (군대) 소령 v. 전공하다(major in)

↳ majority n. 대부분, 과반수
↳ the major part of …의 대부분

We accept all major credit cards.
주요 신용카드는 다 받아요.

I majored in business administration.
난 경영학을 전공했어.

raise

v. 1. 위로 올리다 2. 기르다, 양육하다(bring up)
   3. (문제 등) 일으키다 4. (돈) 모금하다 n. 임금인상

↳ pay raise 임금인상(↔ pay cut)

I'm from Canada, born and raised in Toronto. 난 캐나다에서 왔는데 토론토에서 나고 자랐지.

Some employees took the raise, the rest took a vacation.
몇몇 직원들은 임금이 인상되었고 나머지는 휴가를 받았다.

372 ● agree

v. 동의(찬성)하다, 일치하다

> └→ **agree to[with]** …에 동의하다
> └→ **agree to disagree** 차이를 인정하다

I couldn't agree more. 대찬성이야.

I totally agree with you. 전적으로 동감이야.

Do you think they'll agree to my plan?
걔네들이 내 계획에 동의할 것 같아?

373 ● proud

a. 자랑할 만한, 자랑으로 여기는

> └→ **pride** n. 자존심, 자만(심), 자랑거리
> └→ **be proud of** …을 자랑으로 여기다(take pride in =
> pride oneself on)

He's the pride of our school.
걔는 우리 학교의 자랑야.

374 ● count

v. 1. 세다, 계산하다 2. 고려하다 3. 중요성을 지니다
n. 계산

> └→ **count on** …을 의지하다(rely on, depend on)

**Don't count your chickens before they're
hatched!** 김치국부터 마시지 말라구요!

I knew I could count on you. 넌 믿음직해.

375 **experience** n. 경험, 체험 v. 경험(체험)하다

> └ **experienced** a. 경험있는, 숙련된(↔ inexperienced 경험이 없는, 미숙한)
>
> └ **inexperience** n. 미숙, 무경험

Where is the best place to experience Korea in Seoul?
서울에서 한국을 체험할 수 있는 제일 좋은 곳은 어디죠?

Experience is the best teacher.
경험이 최고의 스승이다.

376 **occasion** n. 1. 때, 장소 2. 행사 3. 기회 4. 이유, 근거

> └ **occasional** a. 이따금씩의, 임시의
>
> └ **occasionally** ad. 가끔
>
> └ **on occasion** 때때로

On special occasions, we go out to an Italian restaurant.
특별한 날이면 우린 이태리 레스토랑에 간다구.

377 **society** n. 1. 사회 2. 회, 협회 3. 사교, 교제 4. 사교계, 상류사회(high society)

> └ **social** a. 사회의, 사교적인

Stress is widespread throughout society.
스트레스는 사회 전체에 만연하다.

378 ◉ **imagine**　v. 1. 상상하다　2. 가정하다(suppose)
　　　3. 추측하다, 짐작하다(guess)

> ↳ **imaginary** a. (실제하지 않는 마음 속) 상상 속의
> ↳ **imaginable** a. 상상할 수 있는
> ↳ **imaginative** a. 상상적인, 상상력이 풍부한
> ↳ **try every means imaginable** 가능한 모든
> 　방법을 써보다

Imagine that! 어 정말야!. 놀라워라!

It is just as I imagined. 내 생각했던 대로야.

There is an imaginary line around the earth called the equator.
지구 둘레에는 적도라고 불리는 상상의 선이 있어.

379 ◉ **step**　n. 1. 걸음, 한 걸음, 발자국　2. 계단의 한 단(stair),
　　　(pl.) 계단(stairs)　3. 수단, 조치　v. 걷다, 밟다

> ↳ **step on it** 급히 서두르다, 엑셀을 밟다
> ↳ **take steps** 조치를 취하다
> ↳ **watch one's step** 발 밑을 조심을 하다

He just stepped out for lunch.
점심식사하러 방금 나가셨는데요.

A: **Is it dangerous here?** 여기 위험해?

B: **Yes it is. Watch your step!** 어. 조심하라고!

380 ◉ **thank**   n. 감사   v. 감사하다

> ↳ **thanks to+N** …의 덕택으로
> ↳ **thank you for ~** …에 감사하다

No, thank you.   아니 괜찮습니다.(No, thanks)

Thanks a lot.   정말 고마워.(Thank you very much)

Thanks for being so nice to us.
우리에게 잘해줘서 고마워.

Thank you for your help.   도와줘서 고마워요.

Thank you[Thanks] for calling.
전화줘서 고마워.

381 ◉ **value**   n. 1. 가치, 유용성   2. 가격   3. 평가
v. 평가하다, 존중하다

> ↳ **valuable**   a. 고가의, 귀중한   n.pl 귀중품
> ↳ **of value**   가치있는(valuable)

Can you keep my valuables?
귀중품을 맡길 수 있어요?

Jim values his friends from high school.
짐은 고등학교 친구들을 소중히 생각해.

382 ◉ **firm**   a. 견고한, 확고한   ad. 단단히, 굳게   n. 회사

> ↳ **firmly**   ad. 굳게, 단호하게

I'll give you a firm answer by Friday.
금요일까지 확실한 대답을 줄게요

ease

383

v. (아픔을) 덜다, (마음을) 편하게 하다
n. 1. 안락, 편안 2. 쉬움(↔ difficult)

└ **easy** a. 쉬운, 안락한
└ **with ease** 쉽게(easily)

You can learn to speak the Japanese language with ease.
넌 쉽게 일본어 말하는 것을 배울 수 있을거야.

digest

384

v. 1. 소화하다 2. (의미) 잘 이해하다
3. 요약하다, 간추리다

└ **digestion** n. 소화(력), (지식) 흡수, 동화
└ **digestible** a. 소화할 수 있는(↔ indigestible)
└ **digestive** a. 소화의, 소화를 촉진하는

My stomach is having difficulty when I try to digest my food.
음식을 소화하려 할 때 위가 힘들었다.

hide

385

v. 숨다, 숨기다(conceal), 비밀로 하다

└ **hidden** a. 숨겨진, 비밀의
└ **have nothing to hide** 숨길게 하나도 없다

Annie always hides her jewelry when she leaves her house.
애니는 집을 나갈 때 항상 보석들을 숨긴다.

386 **graduate**   v. 졸업하다 n. [grǽdʒuət] 대학졸업생(↔ undergraduate 대학학부생)

∟ **graduation** n. (대학)졸업, 졸업식
∟ **undergraduate** n. 학부생
∟ **graduate student** 대학원생
∟ **a graduate school** 대학원

When did you graduate from university?
대학교 언제 졸업했어요?

I graduated from college in 2015.
2015년에 대학교를 졸업했어.

> **tip** a undergraduate 대학재학생
> a graduate 대학졸업생
> a graduate student 대학원생

387 **explain**   v. 1. 설명하다(account for) 2. 해명하다

∟ **explain A to B** B에게 A를 설명하다
∟ **explain (to A) why/how/what** A에게 …를 설명하다

Let me explain why I broke up with him. 왜 걔와 헤어졌는지 말해줄게.

I'm sorry, but let me explain why I did it. 미안해, 하지만 내가 왜 그랬는지 설명할게.

388 **return**   v. 1. 되돌아가다, 돌아오다 2. 돌려주다
n. 1. 돌아옴, 귀국, 반환 2. 소득세신고서(tax return)

┕ **return home** 귀개[귀향]하다

┕ **in return** 답례로, 보답으로

┕ **in return for** …의 대가로

Many happy returns. 축하합니다.

A: **I'd like to return this.** 이거 반품하려고요.

B: **Do you have your receipt with you?**
영수증 갖고 계세요?

May I change my return date to May 7th? 돌아오는 날짜를 5월 7일로 변경해줄래요?

389 ◉ **job**   n. 1. 일 2. 직업

┕ **get a job** 일자리를 얻다, 취직하다

┕ **lose one's job** 실직하다

┕ **nose job** 코성형수술

That's my job. 내 일인걸.

My job is a lot more stressful now.
내 일은 훨씬 스트레스가 많은 일이야.

You changed jobs? 직장을 옮겼어?

390 ◉ **important**   a. 중요한(↔ unimportant), 유력한

┕ **a matter of great importance** 중대한 일

It's important to be punctual.
시간을 지키는 게 중요해.

They're in the middle of an important meeting right now. 지금 한창 중요한 회의를 하고 있어.

record

n. 1. 기록, 최고기록 2. 경력 3. 음반 a. 기록적인
v. 기록하다, 녹음하다

> ↳ off the record 비공개의
> ↳ break a record 기록을 경신하다

I'm sure I can beat his record this month if I really try.
내가 정말 하면 이번달에 그의 기록을 깰 수 있을거야.

Do you have any old records in your house? 집에 옛날 레코드판 갖고 있는거 있어?

period

n. 1. 기간, 시대 2. 마침표

> ↳ periodic a. 주기적인
> ↳ periodically ad. 주기적으로

The period after World War II was quite unstable in Asia.
2차 세계대전후에 아시아 정세는 꽤 불안정했었어.

manner

n. 1. 방식, 방법(way) 2. 태도, 거동(behavior)
3. (~s) 예절, 풍습, 습관

> ↳ Where are your manners? 매너가 그게 뭐야, 매너가 없구나

Manners are extremely important in business. 매너가 비즈니스에 무척 중요해.

Use good manners when you visit your grandmother. 할머니 댁 방문시 예의를 지켜라.

394 ◉ **minor**

a. 1. 보다 작은 2. (대학의) 부전공의 3. 미성년자의
n. 1. 미성년자 2. 대학의 부전공과목

↳ **minority** n. 소수, 소수파, 소수당 (↔ majority)

There were **some minor problems** when I tried to fix the sink.
배수구를 고치려할 때 자그마한 문제들이 있었어.

395 ◉ **narrow**

a. 1. 폭이 좁은(↔ broad, wide) 2. 마음이 편협한

↳ **narrowly** ad. 좁게, 정밀하게
↳ **narrow-minded** a. 소심한, 마음이 좁은
↳ **have a narrow escape** 구사일생하다

The bridge was too **narrow** and weak to allow motor vehicles to cross.
그 다리는 자동차들이 건너 다니기에는 너무 좁고 약했다.

396 ◉ **social**

a. 사회의, 사교적인

↳ **sociable** a. 사교적인, 사귀기 좋아하는

Abby was very **social** and liked to attend parties.
애비는 무척 사교적이어서 파티에 가는 것을 좋아했어.

397 ◉ **review**

n. 1. 재조사, 재검토 2. 복습 3. 비평, 논평
v. 1. 재검토하다 2. 복습하다 3. 비평하다

Tom hasn't finished **reviewing your reports** yet. 탐은 아직 너의 보고서를 다 검토하지 못했어.

398 ● **prove** v. 1. 증명하다, 입증하다 2. 시험하다

> ↳ **proven** a. 입증된
> ↳ **proof** n. 증명, 증거
> ↳ **prove to+V** ···이 되다, ···임을 알다(turn out to)

A: **My family is very rich. I'm not lying.**
우리 집은 매우 부자야. 거짓말 아냐.

B: **You'll have to prove it.** 증명해봐.

399 ● **ahead** ad. (시간, 거리) 전방에, 앞에, 앞서서, 유리한

> ↳ **ahead of** ···보다 앞서
> ↳ **get ahead of** (상대방을) 이기다, 능가하다
> ↳ **go ahead** 진전하다, 계속하다

They were ahead at halftime.
그들이 전반전에 이기고 있었어.

400 ● **couple** n. 1. 같은 종류의 한 쌍, 둘 2. 남녀, 부부 v. 연결하다

> ↳ **a couple of** 두개의 ···, 두셋의, 몇 개의

John's been living in Argentina for the past couple of years.
존은 지난 몇 년간 아르헨티나에 살았었어.

UNIT

9

401-450

401 **stick**

v. 1. 붙이다 2. 찌르다, 꽂다, 고정하다 n. 막대기, 지팡이

↳ **sticky** a. 끈적한, (상황) 곤란한

↳ **stick to** …에 집착하다, 충실하다

The gum is going to stick to the bottom of your shoe. 껌이 네 신발바닥에 달라 붙을거야.

She used a stick to hit her brother.
걘 오빠를 때리기 위해 막대기를 사용했어.

402 **fit**

a. 1. 맞는, 적당한 2. 건강한 v. …에 맞다, 적합하다 n. 발작, 경련

↳ **fitness** n. 건강, 적합함

↳ **fitting** n. 용구, 부속품, 옷입어보기

↳ **fitting room** 탈의실

Where is the fitting[dressing] room?
탈의실이 어디예요?

The fitness instructor is exercising on the treadmill.
헬스강사가 러닝머신에서 운동을 하고 있다.

403 **offer**

v. 1. 제공하다, 제안하다 2. …하겠다고 말하다(offer to do) 3. (팔려고) 내놓다 n. 제안, 신청

↳ **offering** n. (신에게 바치는) 공물

That's my final offer. 내가 하는 마지막 제안예요

404 ● **direct**

a. 직접적으로(↔ indirect) 2. 솔직한(frank)
ad. 똑바로, 직행으로
v. 1. 길을 알려주다 2. 지도하다 3. …로 향하게 하다,

ㄴ **direction** n. 방향, 지휘, 감독
ㄴ **director** n. 지도자, …장, 이사, 영화감독

How may I direct your call?
(전화) 어디로 연결시켜 드릴까요?

Tom can come to the party, but he needs directions.
탐은 파티에 올 수 있지만 그에게 약도를 알려 주어야 해.

405 ● **reward**

n. 보수, 보답   v. 보답하다, 보수를 주다

ㄴ **in reward for** …에 보답하여

The student with the highest grade got a reward.
최고점을 받은 학생이 상을 받았어.

406 ● **recover**

v. 1. 회복하다 2. 되찾다(regain)

ㄴ **recovery** n. 회복, 부흥
ㄴ **recover from** …으로 부터 회복되다, 낫다

She's resting in the recovery room.
회복실에서 안정을 취하고 있어.

Have you completely recovered?
완전히 회복된거야?

407 **increase**   v. 늘리다, 증대하다(↔ decrease 줄이다)   n. 증가, 증대

> └ **increasing** a. 점점 증가하는
> └ **on the increase** 증가하고 있는

From what I hear gas prices are going to increase.   내가 듣기로는 기름값이 오를 거래요.

408 **cash**   n. 현금, 현찰   v. 현금으로 바꾸다

Could you cash this traveler's check for me?   이 여행자 수표를 현금으로 바꿔줄래요?

Can you give me a discount for paying cash?   현금내면 할인해줘요?

409 **pray**   v. 1. 기도하다, 빌다   2. 원하다

> └ **prayer** n. 1. [prɛər] 빌기, 기도   2. [préiər] 기도하는 사람
> └ **pray for** …을 바라다, 기원하다

Religious people believe it is important to pray to God.
종교적인 사람들은 신에게 기도하는 것이 중요하다고 믿는다.

410 **join**   v. 1. 결합하다(unite), 연결하다
     2. 참가하다(take part in)

I'd be pleased if you could join us for dinner.   저녁식사를 함께 했으면 좋겠네요.

411 **store**

n. 가게, 상점(shop)   v. 저장하다, 보관하다

↳ **storage** n. 저장(소), 보관
↳ **a store of** 많은 …
↳ **in store** 저축(준비)하여(↔ out of store 여분이 없는)

Go to the store and get me something.
가게에 가서 뭐 좀 사다 줘.

412 **lift**

v. 1. 들어(안아)올리다 2. (금지령 등을) 해제하다, 치우다
n. 1. 자동차에 태우기 2. (영국식영어) 엘리베이터

↳ **lift one's spirits** …의 기운을 돋우다
↳ **give A a lift** A를 차로 태워다주다

A: **Do you suffer from back pain?**
등 통증에 시달립니까?

B: **Only if I lift heavy objects.**
무거운 물건을 들어올릴 때만 그래요.

413 **concern**

v. 1. 관계하다, 관계되다 2. 걱정하다, 염려하다
n. 1. 관심(사), 사건 2. 걱정(worry)

↳ **as far as I'm concerned** 나에 관한 한
↳ **without concern** 걱정없이

You should mind your own business because it doesn't concern you.
네 일에만 신경써. 너와 아무 관련없는 일이니까.

It's not your concern. 상관마.

threat

n. 1. 위협, 협박 2. 우려(of), 징조

└ **threaten** v. 1. 협박하다(menace) 2. …의 징후가 보이다
└ **threatening** a. 협박하는

There is a threat of rain. 비가 올 것 같다.

I just lost my job and my wife has threatened to leave me!
방금 직장을 잃었어. 게다가 아내는 내게서 떠나겠다고 하고!

view

n. 1. 전망, 시계, 시야 2. 견해, 의도, 목적(intention)
v. 1. 바라보다 2. 조사하다

└ **viewpoint** 견해, 관점(point of view)
└ **with a view of ~ing** …할 목적으로
└ **from the viewpoint of** …의 견지에서는

What a beautiful view! 참 멋진 전망아!

I'd like a room with a view of the mountains. 산쪽 전망이 보이는 방을 주세요.

bite

v. 물다 n. 물기, 물린 상처, 한 입 먹을 것(small meal)

└ **biting** n. 물기
└ **take(grab) a bite** 한 입 먹다

We can grab a bite to eat before we go. 가기 전에 뭐도 좀 먹을 수 있어.

score

n. 1. 득점, 점수 2. (pl.) 다수, 20
v. 1. 기록하다 2. 득점하다

↳ **on the score of** …의 이유로
↳ **know the score** 진상(사실)을 알고 있다

My score on the test was perfect.
나 시험에서 만점받았어.

What's the score? 점수는?

418 ⊙ ## gain

v. 1. (노력하여) 얻다 2. (힘, 무게) 늘리다
3. 시계가 빨리가다(↔ lose) n. 이익(↔ loss)

↳ **gain weight** 몸무게가 늘다(put on weight)

I'd like to gain some weight. 살이 쪘으면 해.

Are you gaining weight? 살쪘어?

419 ⊙ ## fix

v. 1. 고정시키다 2. 수리하다
3. (식사를) 준비하다, 요리하다

↳ **fixed** a. 고정된
↳ **fix A up with B** A를 B에 소개시켜주다

Please fix me up with Angela.
안젤라 좀 소개시켜주라.

420 **grateful**

a. 감사하고 있는, 고마워하는

↳ **I'm grateful to+사람/for+일** …에(게) 감사하다

I'm really grateful to you. 정말 감사드려요

You are very ungrateful.
넌 감사할 줄도 전혀 모르는구나.

421 **person**

n. 사람, 인물, 신체

↳ **personal** a. 개인의, 사적인
↳ **in person** 몸소

He's an easy-going person. 걔는 성격이 좋아.

Don't take it personally.
기분 나쁘게 받아들이지마.

422 **national**

a. 국민의, 국가의, 국립의

↳ **nationality** n. 국적
↳ **national anthem** 국가

I'm studying law at Seoul National University. 서울대학교에서 법학을 공부하고 있어.

Monday's a national holiday so we have the day off. 월요일은 국경일이어서 쉬어.

423 **straight**

a. 1. 곧은, 일직선의 2. 연속해서 3. 정직한, 솔직한
ad. 1. 곧장, 직접 2. 솔직하게

↳ **straighten out** 정리하다, 바로잡다
↳ **get A straight** A를 재확인하다

Let's get one thing straight.
한 가지만 확실히 해두죠.

Let me get this straight, you are not going to get married?
정리해보자, 결혼안하겠다는거야?

424 **cover**

v. 1. 덮다 2. 포함하다 3. (비용) 부담하다
  4. (기자) 취재하다, 보도하다 5. (어느 지역) 가다
n. 표지, 보호, 은신처, 구실

↳ **be covered with** …로 덮여있다
↳ **cover-up** 숨김, 은닉, 은폐공작

The table is covered with dirty dishes.
테이블은 지저분한 접시들로 가득했다.

Can you put a cover on the pot of soup? 스프 그릇에 덮개를 얹을래?

425 **judge**

n. 재판관, 심판관 v. 판단하다, 판결을 내리다, 심사하다

↳ **judgment** n. 판단, 의견, 판결, 재판
↳ **judging from A** A를 보고 판단하건대

It is wrong to judge a person by his looks. 외모로 사람을 판단하는 것은 잘못된 것이다.

ring

n. 1. 반지, 고리 2. 경기장 v. 둘러싸다, 에워싸다
v. 1. (종이) 울리다 2. 전화하다(make a telephone call)

> ring a bell 기억나게 하다(remind)
> ↳ give A a ring A에게 전화하다

Here is a diamond ring for our anniversary. 우리 기념일 축하하는 다이아몬드야.

That rings a bell. 얼핏 기억이 나네요.

throw

v. 내던지다, 벗어던지다 n. 던짐, 발사

> ↳ throw away 내다버리다, 허비하다
> ↳ throw out 내던지다, 처분하다
> ↳ throw a party 파티를 열다

I feel like throwing up. 토할 것 같아.

walk

v. 1. 걷다, 같이 걸어가다(walk A to~) 2. 산보하다
n. 1. 걷기 2. 산책

> ↳ take a walk 산보가다(go for a walk)
> ↳ walk away with 쉽게 이기다

She likes to walk in the park.
걔는 공원에서 걷는 걸 좋아해.

You don't have to walk me home.
집까지 안 데려다 줘도 되는데.

429 **chat**

v. 잡담하다, 이야기하다 n. 잡담

⌐ **chatting** n. 채팅(온라인 대화)

He's only playing video games and **chatting on** the Internet all day long.
걔는 하루 온종일 비디오 게임에다 인터넷 채팅만 하고 있어.

430 **light**

n. 1. 빛, 밝음(↔ dark), 불빛 2. 교통 신호(traffic light)
a. 밝은(bright) v. …에 불을 켜다, 밝게 하다

⌐ **light up** 밝아지다, 밝게 하다
⌐ **in the light of** …에 비추어, …의 관점에서

Please stop just before that **traffic light**.
신호등 바로 전에 세워주세요.

Let's make it a rule to **turn out the lights** every night.
밤에는 언제나 전등을 끄기로 합시다.

431 **mark**

n. 1. 기호 2. 자국, 흔적 3. 성적(grade)
v. 1. 표시를 하다, 기록하다 2. 특징짓다

⌐ **marked** a. 현저한, 두드러진
⌐ **beside[wide of] the mark** 과녁을 벗어나서, 빗맞아서

You're way off the mark. 네가 아주 어긋났어.

173

432 **injure** v. 상처를 입히다, 해치다, 훼손하다

↳ **injury** n. 상해, 손상, 손해

It looked like you injured your leg.
다리가 다친 것 같았어.

433 **search** n. 조사, 수색, 탐색 v. (장소를) 찾다, 탐(수)색하다

↳ **search for** …을 찾다
↳ **in search of** …을 찾아

Search me! 난 몰라(I don't know!)

I spent an hour searching for the information on the Internet.
인터넷에서 그 정보를 찾느라 한 시간을 보냈어.

434 **natural** a. 1. 자연의, 자연 그대로의(↔ artificial 인공의)
2. 당연한, 자연스런 3. 타고난, 천성의

↳ **nature** n. 자연, 성질, 본성, 본질
↳ **naturally** ad. 자연히, 당연히

The forest created a beautiful and natural looking scene.
그 숲은 아름답고 자연스런 광경을 만들었다.

435 **cross** n. 1. 십자가 2. 수난, 고난 3. 잡종 a. 교차된, 짓궂은
v. 가로지르다, 교차시키다

↳ **crossroad** 교차로

I'll **keep my fingers crossed** for you.
행운을 빌어.

Watch it! This is a dangerous place to **cross the road.**
조심해! 여긴 길을 건너기 위험한 곳이야.

436 **cheer**

n. 환호, 응원 v. 성원하다, 격려하다(encourage)
interj. 건배(Cheers!)

    ↳ **cheerful** a. 기분좋은, 즐거운
    ↳ **Cheer up!** 기운내!
    ↳ **Cheers!** 위하여!

A: I just found out that I didn't pass my exam. 방금 막 내가 시험에 떨어졌다는 걸 알았어.

B: **Cheer up!** I heard that students can retake it. 기운 내! 내가 듣기로 재시험을 볼 수 있대.

437 **operate**

v. 1. 운전하다, (기계가) 작동하다 2. 운영하다
3. (약) 효과를 나타내다 4. 수술하다

    ↳ **operation** n. 1. 운전, 작동 2. 작업, 작용 3. 수술 4. 군사작전
    ↳ **in operation** 운전 중, 작업 중

Can you show me how to **operate this computer?** 이 컴퓨터 작동법을 알려줄테야?

The doctor said I must **get an operation.**
의사가 그러는데 수술받아야 한대.

438 **precise**

a. 1. 정확한, 명확한(exact), 바로 그… 2. (기계) 정밀한

↳ **precisely** ad.1.정확히(exactly) 2. (동의를 나타내며) 바로 그래

↳ **to be precise** 정확히 말해서

The plans for the building must be **precise** or you will have a lot of problems.
건물 설계도는 정확해야지 아니면 많은 문제가 생길거야.

439 **gross**

a. 1. 전체의, 총계의(total) 2. 추잡한, 상스러운
n. 12다스(144개)
v. …의 순이익을 내다

↳ **Gross National Product(GNP)** 국민총생산
↳ **Gross Domestic Product(GDP)** 국내총생산

That's gross. 역겨워.

The store's **gross profit** for the year was **$243,000.** 이 가게의 연간 총수익은 24만 3천 달러이다.

440 **risk**

n. 위험 v. 1. 위태롭게 하다 2. 위험을 무릅쓰고 …하다

↳ **put A at risk** A를 위태롭게 하다
↳ **run[take] a risk** 위험을 무릅쓰다

We can't do that **without risking our lives.** 목숨을 걸지 않고서는 그걸 할 수가 없어.

You **run a risk of** getting sick if you stay **outside.** 밖에 있으면 병이 날 수도 있어.

441 ◉ shame

n. 부끄럼, 수치, 불명예   v. 창피주다, 망신시키다

↳ **shameless** a. 뻔뻔한

↳ **It's a shame that S+V** …은 유감스러운 일이다

What a shame! 아이고 창피해라!

Shame on you! 부끄러운 줄 알아라!

The child felt a sense of shame after stealing the toy. 아이는 장난감을 훔친 후에 창피했다.

442 ◉ warn

v. 1. 경고하다   2. 통지하다, 알리다

↳ **warn A of B** A에게 B를 경고하다

↳ **without warning** 경고없이

I had to warn Katie of our manager's bad mood.

캐시에게 매니저 기분이 안좋다고 알려줘야 했어.

443 ◉ fellow

n. 1. (경멸 혹은 친근감표시) 놈, 녀석   2. 친구, 동무 (companionship)

↳ **fellowship** 친구임, 우정, 친교

↳ **guy** n. 녀석, 친구, 사람들

This is Dr. Bean and these are my fellow interns. 이 분은 빈 박사이고 여긴 내 동기 인턴들이야.

444 ● **crash**   v. 충돌하다, 추락하다   n. 충돌, 추락, 붕괴

    └ **crash to piece** 산산조각나다
    └ **plane crash** 비행기 추락사고

Sara crashed her car and is in the hospital.   새러가 차사고 나서 병원에 입원했어.

445 ● **original**   a. 1. 최초의(first) 2. 독창적인(creative)
n. 1. (the ~) 원형, 원문 2. (사진 등) 실물, 본인

    └ **originality** n. 독창성
    └ **origin** n. 기원

George had to admit at least this excuse was original.
조지는 적어도 걔의 변명이 독창적이라는 걸 인정해야 했다.

446 ● **reasonable**   a. 분별있는, 이치에 맞는, (가격) 알맞은

    └ **reasonably** ad. 합리적으로, 정당하게
    └ **reason** n. 이유, 까닭, 판단력 v. 논리적으로 판단하다

It isn't reasonable for you to want to buy a BMW in high school.
고등학교 다니면서 BMW를 사고 싶어하는 것은 분별없는 짓이야.

447 ● **basic**   a. 1. 근본적인 2. 기초(본)적인   n. 기본, 기초, 원리

    └ **base** n. 기초, 토대
    └ **basically** ad. 기본적으로, 원래

I'm for the basic idea. 기본적인 생각은 찬성야.

448 **gradual**

a. 단계적인, 점차적인

⌐ **gradually** ad. 점차적으로(by degrees)
⌐ **grade** n. 등급, 계급, 학년, 성적

Internet use is gradually increasing every year. 인터넷 사용은 매년 꾸준히 상승하고 있다.

449 **flat**

a. 편평한 adj. 편평하게
n. 1. 평면, 평지 2. 빵꾸난 타이어

⌐ **flat** n. 아파트
⌐ **go flat** 타이어가 빵꾸나다
⌐ **have a flat** 타이어가 빵구나다

Bert, I have a flat tire. Can you come help me? 버트야 차 빵구났어. 와서 도와줄래?

We played football in the field that was flat. 우린 편평한 땅에서 축구를 했어.

450 **market**

n. 시장, 판로, (the ~) 주식시장

⌐ **flea market** 벼룩시장
⌐ **be on the market** 팔려고 시장에 내놓다

He bought a new pair of sneakers at the flea market.
그는 벼룩 시장에서 새 운동화 한켤레를 샀다.

UNIT

10

451-500

451 **amount**
n. 총계, 총합(total) 2. 양(quantity) 3. 결과
v. 총계가 …가 되다(to), 결국 …이 되다(to)

I think there's something wrong with the amount. 계산이 잘못된 것 같은데요.

452 **phase**
n. 단계(stage), 국면(aspect), (문제의) 면, 측면

He's familiar with all phases of this business. 걘 이 사업의 모든 단계를 잘 알아.

tip phase vs phrase

▸ phase [feiz] *n.* 단계
This is the beginning phase of developing a new design. 이건 새로운 디자인을 개발하는 첫단계야.

▸ phrase [freiz] *n.* (문)구
Do you know of any phrases that are common in English? 영어에서 많이 쓰이는 문구를 알고 있는게 있어?

453 **sound**
n. 소리, 음 v. 소리가 나다,
…하게 들리다(sound +adj./pp, sound like+N)

↳ **sound** a. 건전한, 충분한 ad. 충분히, 잘
↳ **It sounds like S+V** …처럼 들리다

That sounds great! 아주 좋아!

A sound mind in a sound body.
건강한 몸에 건전한 정신이 깃든다.

ground

n. 1. 지면, 토지, 장소   2. 근거, 이유   3. 입장, 의견
v. 1. …을 기초(근거)로 하다 2 (아이들) 외출을 금지시키다

↳ **lose ground** 명성[신용]을 잃다
↳ **gain ground** 전진하다, 진보하다(make progress)
↳ **on the ground that** …를 이유로

I found $100 **on the ground** yesterday.
어제 땅에서 100달러 주웠어.

I can't let him in my home **on the grounds that** I think he's a thief.
그가 도둑같아서 집에 들여보낼 수가 없어.

inquire

v. 묻다, 문의하다

↳ **inquire after** …의 안부를 묻다
↳ **inquire into** …을 조사하다

Someone called to **make an inquiry about** your personal records.
누가 전화해서 너의 개인 기록을 문의했어.

relation

n. 1. 관계, 관련 2. 친족(relative)

↳ **relative** a. 상대적인 n. 친척
↳ **relationship** n. 관계

How is your **relationship with** Jinny?
지니와의 관계는 어때?

Do you **have a good relationship with** David? 데이빗과 좋은 관계 유지해?

457 ◈ season

n. 계절
v. 1. …에 맛을 내다 2. (환경, 기후) 적응시키다

↳ **seasoned** a. 1. 맛을 낸 2. 경험있는, 노련한
↳ **seasoning** n. 조미료, 양념

The baseball season will be opening in April. 야구시즌은 4월에 열릴 것이다.

Summer is the best season to travel.
여름은 여행하기에 가장 좋은 계절야.

458 ◈ stress

n. 1. 긴장, 스트레스, 압박, 중압 2. 강조, 강세
v. 강조하다, 역설하다

↳ **stressful** a. 스트레스가 많은
↳ **be stressed out** 스트레스에 지치다

You look stressed out. What's wrong?
스트레스에 지쳐 빠진 것 같네. 무슨 일이야?

I've been under a lot of stress.
난 스트레스를 많이 받았어.

459 ◈ tie

v. 1. (끈으로) 묶다, 매다, 구속하다 2. 결합하다
n. 1. 넥타이 2. 인연 3. 동점, 무승부(draw)

↳ **be tied up with** …에 꼼짝달싹 못하다

The game ended in a tie.
그 경기는 무승부로 끝났어.

I'm tied up all day.
하루 온종일 꼼짝달싹 못하고 있어.

460 ◉ **limit**

n. 한도, 한계, 제한   v. 제한(한정)하다

↳ **know one's limitation** 자신 능력의 한계를 알다
↳ **without limit** 한없이

Visibility **is limited** because of the blizzard. 시계가 눈보라 때문에 제한적이야.

When do **the new speed limits** go into effect? 새로운 제한속도가 언제 시행된대?

461 ◉ **wind**

n. 바람

↳ **wind** [waind] v. 꼬불꼬불 구부러지다, 굽이치다, 감다
↳ **wind a clock** 시계를 감다
↳ **wind up (with)** …을 …로 끝내다, …라는 처지가 되다

If you spend money foolishly, you will **wind up with** no money.
허투루 돈을 낭비하면 결국 빈털털이가 될거야.

462 ◉ **shape**

n. 모양, 모습, 상태   v. 모양짓다

↳ **shapeless** a. 형태가 없는
↳ **in good shape** (몸이) 제 컨디션인

He's **in pretty bad shape.** 상태가 아주 안 좋아.

Are you **in good shape?** 건강 좋아?

463 ⊙ **justice**

n. 1. 정의, 공정 2. 정당성 3. 재판, 사법, 재판관(judge)

↳ do oneself justice 자신의 진가를 발휘하다
↳ do A justice = do justice to A A를 바르게 나타내다

The killer was put in jail and the victim's family got justice.
살인자는 투옥되었고 피해자의 가족은 정의를 얻었다.

I want to sing that song, but I can't do it justice.
그 노래를 부르고 싶지만 제대로 부를 수가 없어.

464 ⊙ **marry**

v. …와 결혼하다(marry+사람)

↳ married life 결혼생활
↳ be married to+사람 …와 결혼하다

We've been married for 10 years.
우린 결혼한지 10년됐어.

I heard that Mary and Paula are getting married. 메리와 폴라가 결혼할거래.

465 ⊙ **section**

n. 1. 구분, 구획, 지역, 지구 2. 부분, 과
3. (신문의) 난, (책의) 절 v. 구분하다, 분할하다

↳ sectional a. 부분의

I wonder if there is a smoking section.
흡연 구역이 있을까?

466 **prepare** v. 1. 준비하다 2. (음식) 조리하다

> ↳ **prep** n. 대학예비교(prep school)
>
> ↳ **prepare for** …을 준비하다

Why don't you prepare the salad while I make the chicken?
내가 닭요리를 만들 동안 넌 샐러드를 준비하는 게 어때?

He had to prepare for a presentation.
걔는 프리젠테이션을 준비해야 했어.

467 **enough** a. 충분한, …하기에 족한(sufficient) ad. (…하기에) 충분히(형용사+enough to~) n. 충분한 양이나 수

> ↳ **more than enough** 충분히

A: **What do you think of this?** 이건 어때?

B: **Good enough!** 딱 좋아!

Don't give him a hard time. He's suffered enough. 걔 힘들게 하지마. 충분히 당했어.

468 **waste** v. 낭비하다, 헛되이 쓰다
n. 1. 낭비 2. (pl.) 폐물, 쓰레기 3. 황무지

> ↳ **wasteful** a.낭비하는, 헛된
>
> ↳ **industrial waste water** 공장폐수

Don't waste your time. 시간 낭비하지마.

It's a waste of time. 시간낭비야.

Haste makes waste. 서두르면 무리가 생긴다.

469 **insert**

v. 삽입하다, 끼워넣다 n. (신문) 광고전단

↳ **insertion** n. 삽입(물), 게재

Insert 1,000 won in the machine to buy some coffee. 동전투입구에 천원을 넣고 커피를 사.

470 **opinion**

n. 의견, 견해, 판단, 평가

↳ **in one's opinion** …의 생각으로는

You'd better go to the doctor and get his opinion. 의사 선생님께 가서 조언을 구해봐.

I didn't ask for your opinion.
네 의견 물어보지 않았어.

471 **physical**

a. 1. 물질의 2. 물리적인, 신체의

↳ **physically** ad. 물리적으로, 신체적으로
↳ **physical change** 물리적 변화

Do you get regular physical check-ups?
정기적으로 건강검진을 받아?

472 **link**

n. 연결, 연결고리, 연관 v. 잇다, 연결하다

↳ **linkage** n. 연쇄, 결합

Some studies link eating fast food to getting cancer.
일부 연구들은 패스트푸드를 먹는 것과 암에 걸리는 것을 연계시킨다.

pure

a. 순수한, 섞이지 않은(↔ mixed)

└ **impure** a. 불결한
└ **pure gold** 순금

This bracelet is twenty-four carat, pure gold, and beautiful, don't you think?
이 팔찌는 24캐럿이고 순금이고 아름다워, 그렇지 않아?

I'm reading this book purely for entertainment. 난 이 책을 순전히 재미로 읽어.

rob

v. …에(게)서 훔치다, 빼앗다

└ **robber** n. 도둑, 강도
└ **robbery** n. 강도(행위), 약탈
└ **rob A of B** A에게서 B를 빼앗다(steal B from A)

Your house may be robbed someday.
네 집은 언젠가 도둑당할 수도 있어.

tip steal vs. rob

▸ steal 사물을 훔친다는 뜻으로 목적어로 훔치는 물건이 나온다.

I hate it when people steal things from me.
사람들이 내 물건을 말도 없이 가져가는 게 싫어.

▸ rob 사람에게서 훔친다는 뜻으로 목적어로 훔치는 물건을 갖고 있는 「사람」이나 「장소」가 나오게 된다.

The police caught the burglar before he could rob anyone else.
경찰은 그 도둑이 다른 사람을 털기 전에 잡았어.

475 **settle**

v. 1. (결)정하다 2. 해결하다 3. 정착하다, 자리잡다
4. (마음) 진정되다

> ↳ **settled** a. 정해진, 고정된
> ↳ **settle down** 편히 앉다, 정착하다
> ↳ **settle down to** …에 본격적으로 착수하다

It's settled! 그렇게 하자!

We can settle in California if I find a job there.
내가 캘리포니아에서 직장을 구하면 거기에 정착할 수 있어.

476 **bottom**

n. 1. 밑바닥, 아래쪽 2. 기초, 토대, 원인

> ↳ **bottom line** 결산표의 마지막 줄, 순이익, 최종결과,
> 결론

Just tell me what the bottom line is.
핵심이 뭔지만 말해봐.

A: **Bottoms up! Let's get drunk!**
건배! 한번 취해보자!

B: **Cheers!** 건배!

477 **share**

n. 1. 몫 2. 주식(stock) 3. 시장점유율(market share)
v. 1. 분배하다 2. 공유하다

> ↳ **share A with B** A와 B를 공유하다
> ↳ **go shares** 분담하다

I want to share the rest of my life with you. 나의 여생을 당신과 보내고 싶어.

478 ◉ cure

v. 1. (병/환자) 치료하다 2. (폐해) 없애다
n. 치료(법), 회복

↳ **curable** a. 치료할 수 있는(↔ incurable)
↳ **cure A of B** A에게서 B를 치료하다

How soon can you cure her?
언제 걜 고칠 수 있죠?

479 ◉ enjoy

v. 즐기다, 누리다, 지니다

↳ **enjoy ~ing** …을 즐기다
↳ **enjoy oneself** 즐기다, 즐겁게 보내다

I'm glad you enjoyed it. You'll have to come again. 즐거웠다니 기뻐. 다음에 또 와야 돼.

Enjoy your meal. 맛있게 드세요.

Did you enjoy the game today?
오늘 경기 재미있었어?

480 ◉ strict

a. 엄격한, 엄밀한, 완전한

↳ **strictly** ad. 엄격히, 정밀하게
↳ **strictly speaking** 엄밀히 말해서

Do you think I'm too strict?
내가 너무 엄격한 것 같아?

mix

v. 섞다, 혼합하다 n. 혼합(물)

↳ **mixed** a. 혼합된
↳ **mix up (A with B)** (A와 B를) 섞다

She's a good mixer. 걔는 매우 잘 어울려.

You can mix vodka with orange juice to create a cocktail.

보드카와 오렌지 주스를 섞어서 칵테일을 만들 수 있어.

present

a. 1. 출석하고 있는(↔ absent) 2. 현재의
n. (the~) 현재, 선물
v. 1. 선물하다 2. 제출하다 3. 프리젠테이션하다

↳ **presentation** n. 1. 수여(식) 2. (공식) 발표
↳ **present A with B** A에게 B를 증정하다
↳ **give a presentation** 발표하다

Thank you for the lovely present.
선물 고마워

I suggest that you present a speech at the next conference. 다음 회의에서 네가 발표해라.

role

n. 1. 배역, 역할(part) 2. 임무

↳ **play a role** 역할을 하다
↳ **role model** 역할 모델

Are you going to try to get a role in the play? 연극에서 배역을 맡으려고 할거야?

484 ● **remain**

v. 1. 머무르다, 체류하다(stay) 2. 여전히 …하다 3. 남다

⌐ **remains** (pl.) 잔존물, 유물
⌐ **remainder** n. 나머지(the rest)
⌐ **remain to+V** …하지 않고 남아 있다

Remain where you are.
지금 있는 곳에 그대로 남아 있어.

Employment rates will remain steady.
실업률이 현상유지를 할 것이다.

485 ● **secure**

a. 1. 안전한(↔ insecure) 2. 확보된, 보증된
v. 1. 안전하게 하다, 보장하다 2. 확보하다 3. 고정하다

⌐ **security** n. 1. 안전, 보안 2. (pl.) (주식, 채권 등) 유가증권

I'll **get security to** open the door.
경비원한테 열어주라고 할게.

A bicycle **is secured** so that it will not
be stolen. 자전거가 도난되지 않도록 고정되어 있다.

486 ● **strike**

v. 1. 치다 2. 일격을 가하다 3. (어떤 생각 등이) 갑자기
떠오르다 n. 타격, 파업

⌐ **It strikes me (that) S+V** …와 같이 생각된다
⌐ **be on a strike** 파업하다

I saw Jim **strike the man** he was arguing
with. 난 짐이 자기와 논쟁을 벌이던 남자를 치는 걸 봤어.

487 ◈ **curious** | a. 1. 호기심있는 2. 기묘한, 별난

↳ **curiosity** n. 호기심, 진기한 물품
↳ **out of curiosity** 호기심에서

I am curious whether I will get a raise next year.
내년에는 급여를 올려줄 수 있는지 궁금하네요.

---

488 ◈ **piece** | n. 1.단편, 편 2. 작품

↳ **come[fall] to pieces** 산산조각나다, 계획이 좌절되다
↳ **piece by piece** 하나씩 하나씩

Let me **give you a piece of advice.**
내가 네게 충고 좀 할게.

I guess you have a point, but I would like to **give you a piece of advice.**
네 말이 맞기는 해, 하지만 내가 충고 하나 할게.

---

489 ◈ **breath** | n. 호흡, 숨

↳ **breathe** v. 숨쉬다
↳ **hold one's breath** 숨을 죽이다, 마음을 죄다
↳ **take a deep breath** 한숨 돌리다, 심호흡하다

I won't breathe a word of it.
입도 뻥긋 안 할게.

I don't have time to **breathe.**
숨쉴 시간도 없어.

general

a. 일반적인, 전반적인(↔ special, particular)

↳ **general strike** 총파업
↳ **general election** 총선거

That's a movie which women generally enjoy. 여자들은 다들 재미있어 하는 영화야.

inspect

v. 조사하다, 검사하다

↳ **inspection** n. 조사, 검사, 검열
↳ **inspector** n. 검사관, 조사자, 검열관

The travelers are lined up for the customs inspection.
여행객들은 세관검사로 줄을 서있다.

sharp

a. 1. 날카로운 2. 격렬한, 신랄한, 명확한, 예민한
ad. 1. 날카롭게 2. (시간) 꼭, 정각(exactly)

↳ **sharply** ad. 날카롭게
↳ **sharpen** v. 날카롭게 하다

A: **What's the exact time right now?**
지금 정확한 시간이 어떻게 돼?

B: **It's four o'clock sharp.**
정확히 4시 정각이야.

493 **company** n. 1. 회사 2. 교제, 사귐, 동석(한 사람), 손님(guest)

> ↳ keep company with …와 사귀다, 교제하다
> ↳ be in company with …와 동행하여
> ↳ have company 손님이 있다

His company made a large profit this year. 그 사람 회사가 올해 낸 수익이 엄청나.

We're expecting company this weekend. 이번 주말에 손님이 오실거야.

Our company is on a five-day week. 우리 회사는 주 5일제 근무하고 있어.

494 **trace** n. 발자국, 자취, 흔적
v. 추적하다, …의 출처를 조사하다

> ↳ traceable a. 추적할 수 있는
> ↳ trace back to …에서 유래되다

There was no trace of the dirty dishes after I washed them. 그릇을 씻고나니 더러운 자국들이 없어졌어.

495 **double** a. 두배의, 이중의 ad. 두배로 n. 두배, 이중
v. 두배로 하다

> ↳ double-check v. 재확인하다
> ↳ double standard 이중잣대

I'd like to reserve a double room with a kitchen. 부엌달린 더블룸으로 예약해주세요.

I **double checked my math** and got the same answer.
내 수학문제를 다시 확인했는데 같은 답을 얻었어.

496 **master**

n. 1. 주인, 영주 2. 대가, 명수, 달인 3. 석사
v. 1. 지배하다 2. 숙달하다

↳ **masterpiece** 걸작, 명작

I'm planning to study for **a master's degree.** 난 석사학위를 받을거야.

English is a very difficult language to **master.** 영어는 숙달하기 매우 어렵다.

tip Master vs. Bachelor
Master of Arts 문학석사(MA)
Master of Science 이학석사
Bachelor of Arts 문학사(BA)
Bachelor of Science 이학사

497 **post**

n. 우편, 우편물 v. 우편물을 우송하다
n. 기둥 v. (게시판에) 게시하다, 사진이나 글을 올리다
n. 1. 지위 2. 직 3. 부서

↳ **post sth on one's facebook** …의 페이스북에
…을 올리다
↳ **post office** 우체국

Keep me posted. 소식줘, 연락줘.

Why don't you **post the test results on the bulletin board?** 시험결과를 게시판에 붙여놓으세요.

197

pardon

498

n. 용서, 관대 v. 용서하다

↳ **I beg your pardon** 1. 죄송합니다(I'm sorry) 2. 실례합니다 3. (끝을 올려발음) 다시 한 번 말씀해주십시오

A: **Would you mind telling me why you're late?**
왜 늦었는지 이유를 말해줄래요?

B: **I beg your pardon?** 뭐라고 하셨죠?

anxious

499

a. 1. 걱정하여, 걱정스러운
2. 열망하는, 매우 …하고 싶어하는

↳ **anxiety** n. 걱정, 근심, 열망
↳ **be anxious to+V** 몹시 …하고 싶어하다

Don't be so anxious about the test. It'll be easy. 너무 시험걱정하지마. 쉬울거야.

remark

500

v. 1. (한마디) 말하다, 의견을 말하다 2. 주목하다
n. 1. 주의, 주목 2. 비평, 의견, 발언

↳ **remarkable** a. 주목할 만한, 현저한

We would like to begin with some opening remarks from our CEO.
회장님의 개회사로 회의를 시작하겠습니다.

UNIT

11

501-550

501 **damage** n. 손해(배상액), 손상(액) v. 손해를 입히다, 손상시키다

> ↳ **do damage to** …에게 손해를 입히다

A: **I'm sorry about the accident.**
그 사고 안됐어.

B: **That's OK. No damage.**
괜찮아. 손해본 건 없어.

Was your house damaged by the storm?
폭풍으로 집피해를 입었어?

502 **roll** v. 1. 구르다, (차가) 달리다 2. 진행하다
n. 1. 회전 2. 명부

> ↳ **rolling** a. 구르는

Let's roll. 자 시작합시다.

A rolling stone gathers no moss.
구르는 돌에 이끼는 안 낀다.

503 **quarter** n. 1. 4분의 1, 15분, 25센트 2. 지역, 지구
3. (~s) 숙소, 거처

> ↳ **quarterly** a. 연 4회의 n. 계간지
> ↳ **a quarter to three** 3시 15분전

Hi, Ms. Jones. Welcome to our headquarters.
안녕하세요, 존스씨. 본사오신 걸 환영해요.

Do you have a quarter? 25센트 있어?

504 **generous** a. 1. 관대한 2. 풍부한

⌐→ **generosity** n. 관대함

I think that Jill is the most generous.
질이 가장 인정이 많다고 생각해.

You're so generous. 맘씨가 참 좋으네.

505 **inspire** v. 고무(격려)하다, 고취하다, 영감을 주다

⌐→ **inspired** a. 영감을 받은
⌐→ **inspiration** n. 영감, 고무, 격려

A good teacher can inspire students to do their best.
훌륭한 선생님은 학생들에게 최선을 다하도록 고취할 수 있다.

506 **president** n. 1. (P~) 대통령 2. 사장, 회장

⌐→ **preside** v. 의장노릇하다, 사회하다
⌐→ **presidency** n. 대통령[사장]의 직, 지위

I've been invited to meet the president.
초대받아서 사장님 뵐거야.

507 **list** n. 표, 일람표, 명부 v. 목록으로 만들다, 명부에 올리다

⌐→ **listing** n. 명부, 일람표
⌐→ **listed** a. (증권에) 상장된, 표에 실려있는

They put us on a waiting list for the flight. 우린 비행 탑승 대기자 명단에 들어있어.

508 **spare**

v. 1. (시간, 노력) 절약하다, 아끼다 2. 용서해주다
a. 여분의, 부족한

> ↳ spare tire 스페어타이어
> ↳ N + to spare 여분의…

Spare me! 집어치워!, 그만둬!

Spare the rod and spoil the child.
매를 아끼면 자식을 버린다.

509 **credit**

n. 1. 신용, 신뢰 2. 명성 3. 신용판매 5. (영화 등) 크레딧
v. 신용하다(believe), 신뢰하다, 외상으로 판매하다

> ↳ credible a. 신뢰할 수 있는(↔ incredible)
> ↳ credulous a. 남을 쉽게 믿는(↔ incredulous)
> ↳ give ~ credit for A A를 …의 공으로 인정하다

Let me pay for it with my credit card.
신용카드로 계산하겠어요.

I'd like to buy it on credit. 신용카드로 낼게요.

510 **wear**

v. 1. 입고(신고, 쓰고) 있다 2. (표정) 나타내다
3. 닳게 하다 4. 지치게하다

> ↳ worn a. 닳아빠진, 초췌한
> ↳ wornout a. 닳아빠진

It won't matter if you don't wear a necktie. 넥타이를 하지 않아도 상관없어.

Don't forget to wear a suit.
정장 입고 오는거 잊지 마세요.

track

n. 1. 지나간 자국, 흔적 2. 철도의 선로, 궤도
v. 추적하다, …의 뒤를 쫓다

↳ **keep track of** …의 소식이 끊어지지 않도록 하다
↳ **lose track of** …을 놓치다, …의 소식이 끊어지다

I don't think I can run around the track another time. 한 바퀴도 더는 못 뛰겠어.

You're on the wrong track. 네가 잘못 생각했어.

tip trace vs. track

▸ trace 사물이나 사건의 추상적 흔적
  I want to find Bill, but he disappeared without a trace. 난 빌을 찾고 싶었는데 흔적도 없이 사라졌어.

▸ track 사람이나 동물의 지나간 흔적
  The relay race was held on the school's new track. 릴레이 경주는 학교의 새로운 트랙에서 열렸어.

guess

v. 추측하다, …라고 생각하다(think) n. 추측

↳ **I guess (that) S+V** …라고 생각하다
↳ **make a guess** 추측하다

I guess so. 그렇다고 생각해.(I think so)

Your guess is as good as mine.
당신과 마찬가지로 나도 몰라.

A: **You're always late for everything.**
   매사에 항상 늦는구만.

B: **I guess that's my nature.** 타고난 것 같아.

brief

a. 간결한(concise), 단시간에 n. 요약

↳ **briefing** n. 요약보고, 상황설명
↳ **in brief** 말하자면, 요컨대(in short)

Before we start, let's briefly review the last meeting's notes.
시작하기 전에 간단히 지난번 회의록을 검토해 봅시다.

condition

n. 1. 상태, 상황 2. 조건(terms)
v. …의 필요조건이 되다, 제약하다, 조절하다

↳ **be in good condition** 좋은 상태이다
↳ **on condition that** …라는 조건으로, 만약 …라면

I'm in good physical condition.
난 몸상태가 좋아.

The old house was in bad condition.
그 낡은 집은 상태가 안 좋았어.

subject

n. 1. 주제, 제목, 과목 2.(문법) 주어(↔ object)
a. 1. 지배를 받는(~to) 2. 받기 쉬운(~to)
v. 복종시키다

↳ **subjective** a. 주관적인(↔ objective)
↳ **be subjected to** …을 받다, 시달리다

Is it about the subject we were discussing?
토론했던거에 관한거야?

I wish I could change my major to a more interesting subject.
전공을 바꿔서 다른 흥미로운 전공을 택했으면 해.

516 ◈ match

n. 1. 시합, 경기 2. 경쟁상대
v. 1. …에 필적하다 2. …에 어울리다, 조화시키다
n. 성냥

> ↳ **matchless** a. 무적의(unparalleled)
> ↳ **match point** 승패를 결정하는 마지막 1점

The Japanese soccer team lost their last match. 일본 축구팀이 지난번 게임을 졌어.

The skirt matches this blouse, doesn't it? 이 치마가 이 블라우스랑 어울리지 그렇지?

517 ◈ mobile

a. 움직이기 쉬운

> ↳ **mobility** n. 가동성, 이동성

We call this a cellular or a mobile phone. 이건 셀룰러폰이나 모벌폰이라고 하지.

These days, everyone seems to have a mobile phone. 요즘 다들 핸드폰을 갖고 있는 것 같아.

518 ◈ equal

a. 같은, 동등한 n. 동등한 사람(것), 유례
v. …와 같다, …에 필적하다

> ↳ **equally** ad. 동등하게, 같게
> ↳ **equality** n. 같음, 동등(↔ inequality 불평등)
> ↳ **equalize** v. 동등하게 하다

The married couple decided to live as equal partners.
그 부부는 동등한 파트너로 살기로 결정했다.

remember

v. 생각해내다, 기억하고 있다

↳ **remembrance** n. 기억(력), 기념(품)
↳ **remember ~ing** …한 것을 기억하다

Remember your manners.
버릇없이 굴지 말구, 예의를 지켜야지.

I cannot remember what they called this dessert, but I like it a lot.
이 후식을 뭐라고 하는지 기억나지 않지만, 난 이게 굉장히 좋아.

tip remember ~ing vs. remember to do

▸ remember ~ing (과거에) …한 것을 기억하고 있다
I can remember seeing her.
난 걔를 본 게 기억나.

▸ remember to do (앞으로) …할 것을 기억하다
Please remember to see her again.
걔를 다시 볼 걸 기억해라.

part

n. 1. 일부, 부분, 부품 2. 역할, 역(role)
v. 1. 나누다, 분할하다(divide, separate) 2. 헤어지다

↳ **do one's part** 자기 본분을 다하다
↳ **take part in** …에 참가하다(participate in)

What do you think was the best part of the movie? 그 영화의 가장 좋았던 부분이 어디였어?

I will not take part in such a scheme.
그런 계략에 동참하지 않을거야.

521 **material**

a. 물질의(↔ spiritual 정신의)

n. 원료, 재료, 자료

↳ **materially** ad. 물질적으로, 실질적으로

↳ **materialize** v. 구체화하다, 실현하다

Can you provide me with all of the materials? 자료를 전부 제공해주실 수 있습니까?

522 **trade**

n. 1. 상업, 매매 2. 무역, 교역 3. 직업

v. 교환하다, 매매하다

↳ **trade in** 돈을 더 주고 신품과 바꾸다

↳ **trade show** 박람회, 전시회

Would you like to trade places with me? 나랑 자리를 바꿀래요?

He wants to trade his old cell phone for a new one. 걘 예전 핸드폰을 새거로 교환하고 싶어해.

523 **argue**

v. 1. 논쟁하다, 언쟁하다 2. 주장하다 3. 설득하다

↳ **argument** n. 논의, 논쟁, 주장

I can't argue with that.
두말하면 잔소리지, 물론이지.

I don't want to argue with you anymore.
더이상 너랑 말다툼하기 싫어.

conflict

n. 1. 갈등, 투쟁 2. 모순, 의견충돌, 대립
v. 투쟁하다, 모순되다

> A: I'm going to have to cancel my dentist appointment. 치과 예약을 취소해야겠어요.
>
> B: How come? Do you **have a schedule conflict?** 어째서죠? 다른 약속이랑 겹쳤나요?

plain

a. 1. 명백한, 알기 쉬운 2. 검소한 3. 솔직한 ad. 아주
n. 평원, 평야

> ↳ **plainly** ad. 명백히, 솔직히, 검소하게

The plain box contained a beautiful diamond inside. 흔한 상자에 아름다운 보석이 들어있었어.

circle

n. 1. 원, 순환, 일주 2. (교제, 활동) 범위 3. 집단, 동아리
v. 선회하다, 에워싸다

> ↳ **circulate** v. 순환하다, 유포시키다
> ↳ **business circle** 실업계

The children are standing in a circle holding hands. 애들은 손을 잡고 원으로 둘러 서있다.

press

v. 1. 누르다, 압력을 가하다, 2. 강요하다
n. 신문보도, 보도기자

> ↳ **pressure** n. 압력
> ↳ **out of press** 절판되어

Someone should press this shirt because it has a lot of wrinkles.
주름이 아주 많아서 다리미질을 해야 한다.

Julia pressed on the door but it didn't open. 줄리아는 문을 눌러지만 열리지 않았다.

528 ● **question**   n. 질문, 의문, 문제   v. 질문하다

> ↳ questionnaire 질문서, 조사표
> ↳ question and answer 질의응답

If you have any questions, give me a call. 질문이 있으면 나한테 전화해.

Can I just ask you a question?
질문 하나 해도 될까?

I have a question for you.
질문 있는데요.

529 ● **row**   n. 횡렬
v. 노로 배를 젓다
n. 법석, 소동

> ↳ in a row 연속적으로
> ↳ for 6 days in a row 6일 연속해서

The vines are neatly planted all in a row. 포도나무가 일렬로 깔끔하게 심어져있다.

A woman is rowing on a lake.
한 여자가 호수에서 노를 젓고 있다.

seek

530

v. 찾다, 구하다, 요구하다(ask for)

└ **seek to+V** …하려고 시도하다
└ **seek after** …을 찾다, 구하다

Children are playing hide and seek in a clothes closet. 아이들이 옷장에서 숨바꼭질을 하고 있다.

guest

531

n. 손님(↔ host)

Be my guest. 그렇게 하세요, 좋으실대로.

We provide a safe for all of our guests.
모든 고객들을 위해 금고를 제공하고 있어요.

tip guest vs. customer vs. client vs. passenger
guest 개인이나 호텔의 손님
customer 상점의 손님
client 변호사의 손님
passenger 비행기 등 승객

weigh

532

v. 1. 무게가 …이다 2. 중요시하다 3. 숙고하다

└ **weight** n. 무게, 중량
└ **lose weight** 체중이 줄다
└ **gain[put on] weight** 체중이 늘다

I weigh 74 kilograms now.
지금 74킬로로 나가.

Are you losing weight?
살 빠졌어?

local

a. 지방의, 지역의

↳ **locate** v. …의 위치를 …에 정하다(알아내다)
↳ **location** n. 장소, 위치

You can visit your local library to check it out. 근처 도서관에 가서 대출할 수 있어.

What is the location of the restaurant?
그 식당의 위치가 어떻게 돼?

spend

v. 1. (돈, 노력) 쓰다, 소비하다 2. (시간) 보내다

↳ **spend A on B** B에 A를 쓰다
↳ **spend A (in) ~ing** …하는데 A를 쓰다

You shouldn't spend so much money.
그렇게 돈을 많이 쓰면 안돼.

I want to spend more time with my family. 가족과 함께 시간을 보내고 싶어.

order

n. 1. 순서 2. 규율, 질서 3. 명령, 지휘 4. 주문
v. 1. 명령하다 2. 주문하다 3. 정돈하다

↳ **in order to+V** …하기 위해서
↳ **out of order** 고장난

In order to improve his language, Tom enrolled in an English class.
탐은 어학실력을 향상시키기 위해서 영어 강좌에 등록했다.

536 seem

v. …처럼 보이다(seem+adj/to+V)

└ **It seems (to me) that S+V** (내게는) …처럼 보인다

└ **It seems like that S+V** …처럼 보인다

You seem so nervous. What's up?
너 초조해 보여. 무슨 일이야?

What seems to be the problem?
문제가 뭔 것 같아?

It seems that I have lost my wallet.
지갑을 잃어버린 것 같아.

537 race

n. 경주 v. 경주하다, 경쟁하다
n. 인종, 종족, 혈통

└ **racism** n. 인종차별

└ **racial discrimination** 인종차별, 인종적 편견

I'm surprised you **finished the race.**
네가 완주하다니 놀라워.

538 measure

v. 1. 재다 2. 평가(판단)하다 3. (길이/무게가) …이 되다
n. 1. 치수 2. 한계 3. 수단, 대책 4. 기준, 척도

└ **measurement** n. 측량, 치수

└ **take a measurement** 측정하다

Can you **measure** me to see what size suit I should buy?
무슨 사이즈를 사야되는지 보게 치수 좀 재 줄래요?

539 **date**

n. 1. 날짜 2. 약속, 데이트 (상대)

v. 1. …로 부터 시작하다 2. …에 날짜를 적다
  3. …와 데이트 약속을 하다

↳ **date back to** …로까지 거슬러 올라가다
↳ **out of date** 구식의(↔ up to date)
↳ **to date** 지금까지

What's the date? 오늘이 며칠이야?

I finally got a date with Jane.
드디어 제인이랑 데이트하기로 했어.

Good luck on your date.
데이트 잘 되기를 바랄게.

540 **party**

n. 1. 파티, 모임 2. 당, 정당 3. 일행 4. 당사자, 관계자

↳ **throw[give, hold, have] a party** 파티를 열다
↳ **partygoer** 파티를 자주 가는 사람

You're invited to Bob's bachelor party.
밥의 총각파티에 참석했으면 해.

**We're having a party for Sam. Hope
you can make it.**
샘에게 파티 열어주려고. 너도 올 수 있으면 좋겠어.

541 **rude**

a. 1. 무례한 2. 거친

↳ **rudely** ad. 무례하게
↳ **It is rude of you to+V** …하는 것은 무례한 것이다

Don't be rude! 무례하게 굴지마!

542 · rent

n. 사용료, 임대료
v. A로부터 임차하다(rent a house from A),
　A에게 임대하다(rent a house to A)

> └ **rental** a. 임대의 n. 임대료, 임대한 집(자동차)
> └ **renter** n. 임차인
> └ **rent-a-car** 렌터카

Where can I rent a car?
차를 어디서 렌트할 수 있어요?

543 · force

v. 1. 강제하다(compel)
n. 1. (물리적) 힘 2. 영향력, 지배력 4. 군사력, 병력

> └ **forced** a. 강요된, 무리한
> └ **be forced to+V** …하지 않을 수 없다
> └ **come into force** (법률) 유효해지다, 실시되다
> └ **task force** 특별대책반

The police officer had no choice but to use force.
경찰관은 무력을 쓸 수밖에 없었어.

In the army, you're forced to do things you don't like to do.
군대에선 싫은 것도 해야 돼.

544 · shock

n. 충격, 타격 v. 충격을 주다, 깜짝 놀라게 하다

> └ **shocking** a. 충격적인
> └ **be shocked at+N/to+V** …에 충격을 받다

I was shocked at how fat Alice had become.
앨리스가 얼마나 살쪘는지를 보고 놀랐다.

pressure
n. 1. 압력 2. 정신적 압박

↳ press v. 누르다, 압박하다
↳ put pressure on …에 압력을 가하다
↳ under the pressure of …의 압력을 받고

I've had a lot of pressure at work lately.
최근에 일에 대한 압박이 너무 심했어.

The boss put pressure on his employees to finish faster.
사장은 사원들에게 더 빨리 끝마치라고 압력을 넣었다.

welcome
interj. 어서 오십시오 n. 환영, 환대
a. 환영받는, 마음대로 …해도 좋은 v. 환영하다

↳ You are welcome to+V 자유롭게 …하세요
↳ Welcome! 어서 와!
↳ Welcome home 어서 와
↳ Welcome aboard 함께 일하게 된 걸 환영해

Welcome to our Christmas party
크리스마스 파티에 오신 걸 환영합니다

You are welcome.
별 말씀을요(Don't mention it, Not at all)

A: **I had fun here. I hope I can come back again.** 재미있었어. 다시 오길 바래.

B: **You're welcome any time.** 언제든지 환영야.

UNIT 11

547 ⦿ compare

v. 비교하다, 비유하다, (크기 등) 필적하다(S+compare with~)

> └ compare A to[with] B A와 B를 비교하다
> └ as compared with …와 비교하여
> └ in comparison with …와 비교하여 보면

Did you compare the prices of the items? 그 물품들의 가격을 비교했어?

The weather is great today, as compared with the cold weather last week.
지난주의 추운 날씨와 비교해볼 때 오늘 날씨는 매우 좋다.

548 ⦿ burn

v. 타다, 태우다

> └ burned-out 탄, 지쳐빠진
> └ burn down 다 태워버리다, 소진하다
> └ burn oneself out 정력을 소진하다, 다 소진되다

A: **I want revenge. I'll burn his house down.** 복수해야 돼. 그놈 집을 태워버릴거야.

B: **You're going too far.** 너무 지나친거 아니야.

549 ◉ **congratulate** v. 축하하다(~ A on B)

↳ **congratulation** n. 축하

Congratulations! 축하합니다

Congratulations on your marriage!
결혼 축하해!

550 ◉ **choice** n. 선택, 선정

↳ **choose** v. 선택하다
↳ **at one's choice** 멋대로, 자유선택으로
↳ **make a choice** 선택하다(choose)

The menu has so many choices that I'm confused! 음식 종류가 너무 많아서 고민이야!

You have no choice but to do what your boss tells you to do.
넌 사장이 지시하는 것을 할 수 밖에 없어.

"I'm not sure this is going to work out."

traffic

n. 1. 교통, 왕래 2. (전화, 컴퓨터) 통화량
v. (부정한) 매매를 하다

↳ **traffic jam** 교통체증

Rush hour is a real headache with these traffic jams!
출퇴근 시간은 교통정체 때문에 정말 골칫거리입니다!

A: **How come you're late?**
어쩌다 이렇게 늦은거야?

B: **I got caught in traffic.**
차가 밀려서.

deal

n. 양, 다량
v. 1. 분배하다 2. 취급하다, 다루다 n. 거래, 취급

↳ **deal with** …을 다루다
↳ **a good/great deal (of~)** 많은(…)

(That's a) Deal. 좋아, 그렇게 하자

He's a difficult man to deal with.
걔는 다루기 어려운 사람야.

Are you interested in the deal I just offered?
내가 방금 제시한 건에 관심있어?

A: **Sorry about that.** 그거 정말 유감이야.

B: **Don't worry! It's no big deal.**
걱정 마! 별거 아냐.

553 ⊙ repair

v. 1. 수리하다 2.보상하다(make up for)
n. 수리(작업) *repairman 수리공

↳ **under repair** 수리 중에

It's going to cost $200 to repair your TV.
TV수리하는데 200달러 듭니다.

I'll send a repairman to your room.
방으로 수리공을 보내드리죠.

554 ⊙ model

n. 1. 모형, 모범, 모델 2. 형, 양식
v. …의 모양을 만들다, …을 따라 만들다

↳ **remodel** v. 개량하다, 개조하다

She liked the model of the car but not the color.
걔는 자동차의 모양은 괜찮았지만 색깔이 마음에 들지 않았다.

555 ⊙ price

n. 1. 가치, 가격, 물가 2. 대가, 희생 3. 상금

↳ **priceless** a. 대단히 귀중한(valuable)
↳ **at any price** 어떠한 희생을 치르더라도
↳ **at the price of** …를 희생으로 하여

What's the price of this?
이거 가격이 어떻게 돼요?

It's a real good buy at that price.
그 가격이면 진짜 잘 사는거야.

I got it at a bargain price.
싼 가격에 그걸 샀어.

556 suffer

v. 1.(고통, 피해) 경험하다, 받다 2. 견디다
　 3. (병을) 앓다

> ⤷ **suffering** n. 괴로움, 고통, (pl.) 피해, 재해
> ⤷ **suffer from** …로 고통받다

Jinny's mom started to suffer from cancer last year.
지니의 엄마는 작년에 암으로 고생하기 시작하셨다.

557 burst

v. 1. 파열하다, 폭발하다(시키다)
　 2. 갑자기 …한 상태로 되다

> ⤷ **burst out ~ing** 갑자기 …하기 시작하다

From what I heard, a pipe in the ceiling burst. 내가 듣기로는 천장파이프가 터졌대.

558 draw

v. 1. 끌다, 끌어내다 2. 그림을 그리다
n. 1. 추첨, 인기있는 것, (시합) 무승부

> ⤷ **drawback** 결점
> ⤷ **draw back** 물러서다 (손을) 빼다
> ⤷ **draw (one's) attention** 주의를 끌다

It ended in a one-one draw.
1:1로 끝났어

Could you draw me a map?
약도 좀 그려줄래요?

fault

n. 1. 결점, 단점(defect) 2. 책임, 죄 3. 실수(mistake)

↳ **faultless** a. 결점없는, 완벽한(perfect)
↳ **find fault with** …을 비난하다(criticize)

It is totally my fault. 전적으로 내 잘못이야.
It's not your fault. 네 잘못이 아니야.

ruin

n. 1. 폐허 2. 파멸, 파산 v. 파괴하다, 망치다

A: **Don't ruin the surprise party.**
깜짝파티를 망치지마.

B: **I won't say a word.** 한 마디도 안할게.

weather

n. 기후 날씨 v. (재난, 역경) 뚫고 나아가다

↳ **under the weather** 건강이 좋지 않아
↳ **weather permitting** 날씨만 좋으면

What is the weather forecast for tomorrow? 내일 일기예보가 어때?

The weather is beautiful today.
오늘 날씨가 화창하다.

I'm under the weather.
몸이 찌뿌둥해.

🚩 **tip** weather vs. climate

weather 특정지역 특정시간의 기상상태
climate 넓은 지역 장시간에 걸친 기상상태

UNIT 12

562 shoot

v. 1. (총, 화살) 쏘다, 격추하다 2. (영상) 촬영하다
n. 1. 사격, 발사 2. 촬영

> ↳ **shooting** n. 사격, 발사
> ↳ **shot** n. 발포
> ↳ **shoot down** 쏴서 떨어트리다

So shoot me. 그래서 어쨌다는거야.

There are only 10 seconds left. Should I shoot a three point shot?
10초 밖에 남지 않았는 걸요. 제가 3점슛을 쏘아야 하나요?

563 knock

v. 두드리다, 치다

> ↳ **knock down** 때려눕히다(부수다)
> ↳ **knock out** 쓰러트리다, 기절시키다

Knock it off. 그만 (말을 멈추고) 조용히 해.

Why are these buildings being knocked down? 왜 이 건물들이 철거되는거야?

564 habit

n. 습관, 버릇

> ↳ **be in the habit of ~ing** …하는 습관이 있다
> ↳ **make a habit of ~ing** …하는 습관을 기르다

Smoking is a hard habit to stop.
흡연은 끊기 어려운 습관이다.

Tim was a habitual liar and couldn't be trusted. 팀은 상습적인 거짓말쟁이어서 믿을 수가 없었다.

continue

v. 계속하다, 지속하다, 여전히 …이다(remain)

    ↳ **continual** a. 잇따른, 계속 되풀이 되는
    ↳ **continuous** a. 계속적인, 부단한(without stopping)
    ↳ **continue to+V** 계속하여 …하다

I don't know if we should continue dating.
우리가 계속 데이트해야 되는지 모르겠어.

repeat

v. 1. 되풀이하다, 반복하다 2. 암기하다 n. 반복, 재연

    ↳ **repetition** n. 반복
    ↳ **repeatedly** ad. 되풀이하여

Could you please repeat what you said?
다시 한 번 말해 줄래요?

select

v. 선택하다(choose) a. 선택된

    ↳ **selection** n. 1. 선발, 선택 2. 선발된 사람(것), 발췌
    ↳ **selective** a. 선택의

He was selected as a coach.
걘 코치로 선발됐어.

We have a large selection to choose from.
우린 선택할 것들이 아주 많아.

half

n. 반, 절반 a. 절반의 ad. 절반

⌐ **halfway** a./ad. 도중의(에), 거지 반
⌐ **halfhearted** a. 마음이 내키지 않는

You **don't know the half of** it.
별로 알지도 못하면서.

Well begun is **half done.** 시작이 반이다.

past

a. 과거의, 지나간 n. (the ~) 과거
prep. …을 지나서, …의 범위를 넘어

⌐ **pastime** n. 기분전환, 오락

It's five **after[past] one.** 1시 5분야.

Don't you regret anything **about your past?** 네 과거에 대해 후회하는거 뭐 없어?

rule

n. 1. 규칙 2. 지배(control)
v. 1. 지배하다, 통치하다 2. (법) 판결하다

⌐ **make it a rule to+V** …하는 것을 습관으로 하다
⌐ **play by the rules** 규칙에 따르다
⌐ **rule of thumb** 대략

You have to **follow the rules.**
이 규칙들을 지켜야 돼.

There is an exception to **every rule.**
모든 규칙에는 예외가 있기 마련이다.

I make it a rule never to be late.
절대로 늦지 않는 것을 습관으로 하고 있다.

moment

n. 1. 순간 2. 때, 시기

↳ **at any moment** 언제라도, 당장이라도
↳ **at the moment** 바로 지금(now), 마침 그때
↳ **the moment S+V** …하자마자(as soon as S+V)

Wait a moment. 잠시만요.(Just a moment)

I'm not doing anything at the moment.
지금 당장은 할 일이 없어요.

I'll give it to him the moment he walks in. 그 사람이 들어오자마자 전해 줄게요.

A: **I'd like to talk to Steven, please.**
스티븐 씨 좀 부탁드립니다.

B: **Just a moment, please.**
잠시만 기다려 주십시오.

interest

n. 1. 흥미, 관심, 취미, 관심사 2. 이익 3. 이자
v. 1. 흥미를 일으키게 하다 2. 관계(련)시키다

↳ **interested** a. 관심을 가진
↳ **interesting** a. 흥미로운(↔ uninteresting)
↳ **be interested in** …에 흥미를 갖다(have interest in)

That sounds interesting. 흥미롭구만.

The interest rate is 6.75 for my account.
내 계좌는 이자율이 6.75퍼센트야.

573 ● **shot**

n. 1. 발포, 발사 2. (스포츠) 한 번 치기, 차기
3. 추측, 어림짐작 4. 주사(injection)

└ **shoot** v. 발사하다

└ **a shot in the dark** 막연한 추측

└ **call the shot** 지배하다

Who's going to take the first shot?
누가 먼저 할래?

Who calls the shots? 누가 결정권자야?

574 ● **spirit**

n. 1. 정신, 마음(soul) 2. 신령(ghost) 3. (pl.) 기분
4. (pl.) 독한 술

└ **spiritual** a. 정신의, 정신적인

That's the spirit! 바로 그거야!

**The athletes showed a lot of spirit
when they competed.**
운동선수들은 경쟁할 때 많은 활기를 보여주었다.

575 ● **favor**

n. 호의(good will), 친절한 행위
v. 찬성하다, …에게 유리하게 되어가다

└ **favorite** a./n. 마음에 드는 (것)

└ **be in favor of** …에 찬성하여, …에 편들어

I have a favor to ask. 부탁드릴게 있는데요.

I need to ask you a favor. 부탁하나 해야 되겠는데.

A: **Will you do me a favor?** 부탁 하나 들어줄래?

B: **Certainly.** 물론이지.

228 영어회화는 단어싸움이다

576 **attention** n. 주의, 주목, 배려, 고려

  ↳ attend v. 출석하다, 보살피다
  ↳ pay attention to …에 주의하다

Attention, please. 여러분 주목해주세요.

I need you to pay attention. Do you hear me? 주목해줘. 내말 듣고 있니?

May I have your attention, please?
여러분 주목해 주십시오.

UNIT 12

577 **patient** a. 1. 인내심이 강한 2. 근면한, 지속적인 n. 환자

  ↳ impatient a. 참을 수 없는, 몹시 …하고 싶어하는
  ↳ be patient with …에 관용적이다

Be patient. 진정하라고.

Don't be so impatient. 너무 조급해하지마.

The dentist's busy with a patient now.
치과의사는 지금 환자를 보느라 바쁘다.

578 **miss** v. 1. 놓치다 2. 그리워하다 3. …할 뻔하다
n. 미스, 실패

  ↳ miss the train 열차를 놓치다

We're missing $50. 50달러가 부족해.

I really miss Bonita, my ex-girlfriend.
옛 애인인 보니타가 정말 보고 싶어.

I'm going to miss you. 보고 싶을거야.

point

n. 1. 뾰족한 끝 2. 점 3. 점수 4. 요점 5. 정도
v. 1. 손가락으로 가리키다 2. 지시하다, 지적하다

↳ **pointer** n. 1. 조언, 암시 2. 지시봉 *laser pointer 레이저 지시봉

↳ **come to the point** 요점을 언급하다

↳ **make a point of ~ing** 반드시 …하다

What's your[the] point?
요점이 뭔가?, 하고 싶은 말이 뭔가?

I get your point.
무슨 말인지 알아들었어, 알겠어요.

Right! That's my point.
맞아! 그게 내가 말하려는 요지야.

The point is that we are bankrupt.
요점은 우리가 파산했다는 겁니다.

basis

n. 1. (지식) 기초, 근저 2. 기준, 원리(principle)

↳ **base** n. 기초, 토대

↳ **basic** a. 근본적인, 기초적인 n. 기초

↳ **on the basis of** …을 근거로 하여

I'm paid on an hourly basis.
시급으로 돈을 받아.

We keep in contact with clients on a regular basis.
우린 정기적으로 고객들과 연락을 취해.

▶ **tip** base vs. basis

base *n.* 물리적인 기초나 토대
basis *n.* 추상적인 기초나 토대

reply

v. 대답하다(answer) n. 대답

⌐ **in reply to** …의 답으로

I'm waiting for your reply.
난 네가 대답하길 기다리고 있어.

custom

n. 1. 습관, 관습, 풍습 2. (customs) 세관, 관세
3. (상점) 단골

⌐ **customer** n. 고객
⌐ **go through customs** 세관을 통과하다

The customer bought three sweaters and a coat.
고객은 세 벌의 스웨터와 코트 한 벌을 샀다.

How long do you think they will keep him at customs?
세관에서 그를 얼마나 붙잡아 둘 것 같나요?

tire

v. 피곤하게 하다, 싫증나게 하다(bore)
n. 타이어, 바퀴

⌐ **tired** a. 1. 피로한, 지친 2. 싫증난
⌐ **be tired of** …에 싫증나다

How's your day? You look a bit tired right now.
오늘 어땠니? 좀 피곤해 보이네.

It seems that you are really tired from this homework.
숙제하느라 너 완전히 지친 것 같아.

consult

v. 1. 의견을 듣다, 상담하다 2. (사전) 참조하다

↳ **consulting** a. 자문의 n. 조언
↳ **consultation** n. 상담, 의논, 협의

You should have consulted me.
나한테 의견을 구했어야 했어.

I suggest you consult a lawyer.
변호사를 만나봐.

wonder

v. 1. …인가 생각하다 2. 놀라다, 경탄하다(~at)
n. 불가사의, 경이

↳ **work wonders** 세상을 놀라게 하다, 크게 성공하다
↳ **(It's) No wonder (that) S+V** …은 당연하다
↳ **I wonder what[how/if] S+V** …일까, …할까

No wonder. 당연하지.

I wonder why Doug called.
왜 더그가 전화했는지 모르겠다.

I wonder if the teacher is still angry with me. 선생님이 아직도 내게 화나 있는지 모르겠어.

tip I was wondering if I[you] could+V
…좀 할 수 있을까요[해주시겠어요]

I was wondering if I could talk to you for a sec.
잠깐 이야기할 수 있겠어요?

586 **square**

n. 1. 정사각형 2. 광장 3. (수학) 제곱
a. 1. 정사각형의 2. 공명정대한 ad. 공평하게(fairly)

↳ **squarely** ad. 1. 네모꼴로 2. 공평히, 분명히
↳ **on the square** 공평하게

The square of 5 is twenty five.
5의 제곱은 25이다.

You should drive through the town square. 마을 광장을 통해 운전해가야 돼.

587 **critical**

a. 1. 비판적인 2. 비평의 3. 중대한, 위기의

↳ **critically** ad. 비평적으로, 위태롭게
↳ **criticism** n. 비평, 평론, 비판

A: **I wish I was prettier.**
내가 좀 더 이뻤으면.

B: **There you go again. Don't be critical of yourself.** 또 시작이군. 그만 네 얼굴 타령해라.

588 **last**

a. 1. 최후의 2. 지난, 최신의 3. 가장 …할 것 같지 않은
ad. 최후로, 최근에 n. 최후, 마지막
v. 계속하다, 오래가다

↳ **at last** 마침내
↳ **last but not least** 마지막으로 말하지만 결코 가벼이 볼 것이 아닌

I was sick for two weeks last month.
지난 달 2주 동안 앓았어.

589 **primary**

a. 1. 제 1의, 제일 중요한 2. 초보의, 초급의
3. 근본의, 기본적인(fundamental)

↳ **primarily** ad. 첫째로, 최초로(at first)

My parents are the primary source of my money. 부모님은 내 돈의 주된 소스야.

August is the primary time for vacations.
8월에 휴가를 가장 많이 가.

590 **note**

n. 1. 메모 2. 주, 각주 3. 지폐(bill) 4. 주목, 저명
v. 1. 적어두다 2. 주목하다, 주의하다

↳ **be noted for** …으로 유명하다(be famous for)
↳ **take a note** 메모하다

That's okay. I'll take notes for you.
걱정 마. 내가 대신 노트해 줄게.

Steven King is noted for writing scary novels. 스티븐 킹은 공포소설 쓰는 걸로 유명해.

591 **attach**

v. 1. 붙이다, 부가하다 2. …에 소속시키다
3. 애착심을 갖게 하다

↳ **attached** a. 부착된, 첨부된
↳ **attachment** n. 부착(물), 첨부(물)

I'll give you 100 dollars. No strings attached. 네게 100달러 줄게. 아무런 조건없이.

Please attach your resume to this file.
네 이력서를 이 파일에 철해놔라.

592 **sight**

n. 1. 시계, 시력(vision, eyesight) 2. 조망, 광경
3. (the ~s) 관광지 4. 견해

   ↳ **sightseeing** n. 관광, 구경
   ↳ **catch sight of** …을 언뜻보다, 찾아내다(↔ lose sight of)
   ↳ **go sightseeing** 관광하다

Are there any sightseeing buses?
관광버스가 있어요?

I wanted to catch sight of some movie stars when I went to Hollywood.
헐리우드에 갔을 때 영화배우들 좀 보기를 바랬다.

593 **worry**

v. 걱정하다 n. 걱정, (pl.) 골칫거리

   ↳ **worried** a. 난처한, 걱정스러운
   ↳ **be worried about** …에 대해 걱정하다

Not to worry. 걱정마라.

Don't worry, you can count on me.
걱정마. 나만 믿어.

Don't worry about a thing.
걱정하지 마세요.

I'm so worried about my wedding ceremony. 내 결혼식이 걱정 많이 돼.

Hey, don't worry about it. You can do it! 이봐, 걱정하지 말라구. 넌 잘 할 수 있어!

rush

594

v. 돌진하다 n. 돌진, 쇄도, 몹시 바쁨

↳ **rush hour** 차가 많이 밀리는 출퇴근 시간

Hi, Joe! What's the rush?
안녕, 조! 왜 이리 급해?

There's no need to rush.
서두를 필요없어.

depend

595

v. …의지하다, …에 달려 있다(~on[upon])

↳ **independent** a. 독립의, …에 관계없이(of)
↳ **dependence** n. 의존, 신뢰

That (all) depends.
상황에 따라 다르지. 경우에 따라 달라.

I usually read a book each month, depending on how busy I am.
얼마나 바쁘냐에 따라 다르지만, 나는 대체로 매달 한 권 정도의 책을 읽어.

worth

596

a. …의(할) 가치가 있는(be worth+N, be worth ~ing)
n. 가치, …의 값만큼의 분량

↳ **worthless** a. 하찮은
↳ **worthy** a. 1. 훌륭한 2. …하기에 족한

It isn't worth it. 그럴만한 가치가 없어.

It isn't worth the trouble.
괜히 번거롭기만 할거야.

Life isn't worth living without you.
너 없는 삶은 살 가치가 없어.

sell

v. 팔다, (상품이) 팔리다

↳ **seller** n. 판매자, 팔리는 상품

↳ **sell out** 매각하다, 죄다 팔아치우다

Sold out. 매진.

We import and sell cosmetics for women.
우린 여성화장품을 수입해서 판매해.

bound

n. 경계(선), 범위, 한계
v. 튀다, 바운드하다 n. 반동, 도약
a. (bind의 과거형) 1. 묶인, (책을) 제본한 2. …하지 않
을 수 없는, 반드시 …하는(be bound to do)
a. …행의, …로 가는 길인(be bound for)

UNIT 12

↳ **boundless** n. 무한한

↳ **boundary** n. 경계(선), 범위, 영역

↳ **by leaps and bound** 일사천리로

We're bound to get there sooner or later. 우린 조만간 거기 도착하게 되어 있어.

You are bound to succeed if you work hard. 네가 열심히 일하면 반드시 성공할거야.

Many students are bound for their universities since their vacations are ending.
많은 학생들은 방학이 끝나자 다니던 학교로 향하고 있다.

sympathy

n. 1. 동정 2. 공명, 공감

↳ **sympathetic** a. 동정적인, 호의적인, 찬성하는
↳ **sympathize** v. 동정하다, 위로하다

You have all my sympathy.
진심으로 유감의 말씀을 드려야 겠군요.

report

v. 1. 보고하다 2. 보도하다, 기록하다
n. 1. 보고 2. (신문) 보도

↳ **reporter** n. 보도기자

I want to get this report done before I go home. 집에 가기 전에 이 리포트를 다 써야 해.

The report was written by several students. 그 보고서는 몇몇 학생들이 썼다.

UNIT

13

601-650

601 ● **treat**　v. 1. 다루다, 취급하다　2. 대접하다　3. 치료하다
　　　　　　　　　n. 한턱

　└ **treatment** n. 1. 취급, 대우　2. 치료
　└ **treat oneself to** (큰마음 먹고) …을 즐기다, 대접하다

This is my treat.　내가 낼게.

A: **It's my treat.**　내가 낼게.

B: **How nice!**　고마워라!

I think you're treating me unfairly.
네가 날 공평하게 대하는 것 같지 않아.

How's life[the world] treating you?
사는 건 어때?

602 ● **expensive**　a. 고가의, 비싼(costly ↔ cheap, inexpensive 값싼)

　└ **expense** n. 1. 비용, 지출　2. (pl.) 경비
　└ **expend** v. (시간, 노력) 쓰다, 소비하다
　└ **at the expensive of** …의 비용(희생)으로

This is an expensive apartment.
아주 고가 아파트야.

I think it's too expensive.　너무 비싼 것 같은데요.

603 ● **grasp**　v. 1. (기회 등) 붙잡다(grab)　2. 이해하다
　　　　　　　　　n. 붙잡음, 이해, 파악

The man reached out to grasp the president's hand.
그 남자는 대통령의 손을 잡으려 손을 뻗었다.

rare

a. 드문(↔ usual 일상의)
a. (고기가) 덜 구워진

└ **rarely** ad. 드물게, 좀처럼 …하지 않는(seldom)

A: **How would you like your steak cooked?** 스테이크를 어떻게 해드릴까요?

B: **I'd like it medium rare please.**
반쯤 살짝 익혀주세요.

Frank rarely eats breakfast and sometimes does not eat lunch either.
프랭크는 거의 아침을 먹지 않고 가끔 점심도 거른다.

> **tip** rare vs. medium vs. well-done
> 식당에서 고기의 익힌 정도를 말하는 것으로 rare는 생 고기수준, medium은 겉만 익힌 것 그리고 well-done은 바싹 익힌 것을 의미. 요즘에는 medium와 well-done의 중간정도인 medium well, 그리고 medium과 rare의 중 간정도인 medium rare로 세분해서 사용되기도 한다.

hire

v. 1. 고용하다(employ) 2. 임대하다(rent)
n. 1. 고용 2. 신입사원

└ **hired** a. 고용된
└ **hirer** n. 고용주

They need to hire more qualified people. 좀 더 자질있는 사람들을 뽑아야 해.

606 **fancy**

n. 좋아함, 공상 a. (호텔, 식당 등) 멋진, 대단히 좋은
v. 상상하다, 공상하다, …라고 생각하다

↳ **take a fancy to** …을 좋아하다, 갖고 싶어하다

Fancy meeting you here.
이런 데서 다 만나다니.

Fancy that! 설마, 도저히 믿기지 않는다!

607 **partner**

n. 1. 협력자, 친구, 상대, 배우자 2. (사업) 동업자

↳ **partnership** 공동, 협력, 조합, 동업관계, (주인이 두 명 이상인) 회사

Do you get along well with your new partner? 새로운 파트너와 잘 지내?

608 **remind**

v. 생각나게 하다

↳ **reminder** n. 생각나게 하는 사람, 메모
↳ **remind A of B** A에게 B를 생각나게 하다

That reminds me. 그러고 보니 생각나네.

Let me remind you. 알려줄게 있어.

You remind me of my youngest sister.
널 보면 내 여동생이 생각나.

rather

ad. 1. 오히려(~ than) 2. 다소, 꽤(rather +adj/ad)
3. …하기는 커녕, 도리어

↳ **would rather do** (차라리) …하고 싶다
↳ **would rather A than B** B할 바에는 차라리 A를 하겠다
↳ **rather than** …대신에(instead of)

I'd rather go to a movie.
난 극장에 가는 게 더 좋은데.

access

n. 접근, 출입, 이용권한(기회)

↳ **accessible** a. 접근하기 쉬운, 이용할 수 있는, 이해하기 쉬운(↔ inaccessible)
↳ **have access to** …에 접근하다

How can I access his web site?
그 사람 웹사이트에 어떻게 접속하지?

collect

v. 1. 모으다(gather), 모이다 2. (요금) 징수하다
3. (생각) 집중하다

↳ **collection** n. 수집(물)

Have the garbage collectors been here yet? 쓰레기 수거원들이 왔다 갔어?

UNIT 13

612 practice

n. 1. 실제, 실천 2. 훈련, 연습(exercise)
v. 실행하다, 습관적으로 …하다, 연습하다(practice ~ing)
a. 실제의, 실용적인(↔ impractical)

→ **practitioner** n. (의사, 변호사) 개업자
→ **put sth into practice** …을 실행하다

I need to practice on the piano some more. 피아노 연습 좀 더 해야 돼.

You should be practical and save your money. 실용적으로 해서 돈을 절약해야 돼.

613 attempt

v. 시도하다, 꾀하다(attempt to+V) n. 시도, 기도

→ **in an attempt to+V** …을 시도하려고

I'm going to attempt to do a few repairs on my car. 내 차 좀 수리를 하려고 해.

614 consume

v. 1. 소비하다, 낭비하다(waste) 2. 먹어버리다(eat up)

→ **consumer** n. 소비자(producer 생산자)
→ **consumption** n. 소비(량)(↔ production 생산(량))

It's good to consume several apples every day. 매일 사과를 몇 개 정도 먹는 게 좋아.

efficient

a. 능률적인, 유능한(↔ inefficient 효과없는, 쓸모없는)

↳ **efficiently** ad. 능률적으로
↳ **efficiency** n. 능률, 능력, 효율(↔ inefficiency 무능, 비효율)

He gets things done efficiently.
걔는 효율적으로 일을 처리해.

> **tip** effective vs. efficient
> effective 효과적인 : 의도한 대로의 효과나 결과를 가져옴.
> efficient 능률적인 : 시간과 노력, 돈 등을 경제적으로 활용하여 일을 처리함.

insult

n. 모욕, 무례 v. 모욕하다

↳ **insulting** a. 모욕적인, 무례한

How dare you insult me! 감히 날 모욕하다니!

Don't insult me! 날 모욕하지마!

distance

n. 1. 거리, 간격 2. 먼거리, 먼시간

↳ **distance learning** 원거리 교육
↳ **in the distance** 먼 곳에, 저 멀리

I couldn't visit her because she lives a long distance away.
걔가 너무 멀리 살아서 방문할 수가 없었다.

sort

n. 종류, 성질 v. 분류하다, 구별하다

> ↳ **sort out** 가려내다, 구분하다
> ↳ **a sort of** 일종의…
> ↳ **sort of** (부사적) 다소, 얼마간(kind of)

I'd suggest that you **sort this out** tomorrow. 내일 이걸 분류해 놓도록 해.

I felt **sort of** sick after eating in the new restaurant. 새로운 식당에서 식사한 후 좀 아팠어.

profession

n. 1. 직업 2. 공언, 고백

> ↳ **profess** v. 공언하다, 고백하다
> ↳ **professional** a. 1. 직업상의 2. 전문직의(↔ amateur) n. 전문가, 프로선수
> ↳ **professor** n. 대학교수

Her resume **looked really professional.**
걔의 이력서는 전문적인 것처럼 보였어.

Roger used to play the guitar **professionally**, didn't he?
로저는 전문가처럼 기타를 치곤 했지, 그렇지 않아?

build

v. 세우다, 건축하다, (사업, 재산, 명성) 쌓다

> ↳ **builder** n. 건축업자
> ↳ **built-in** a. 붙박이 된
> ↳ **build up** 쌓아올리다, 증강하다, (건강) 증진시키다

I thought you were going to build a factory. 공장을 신축하는 걸로 생각했는데.

Our office is on the third floor of the Jungang Building.
우리 사무실은 중앙빌딩 3층에 있어.

621 **honor**

n. 1. 명예, 영광 2. 존경, 경의
v. 존경하다, …에게 수여하다

↳ **be honored to+V** 기꺼이 …하다
↳ **in honor of** …을 축하하여, …에게 경의를 표하여

Your Honor. 판사님(법관의 경칭).

I'm honored. 영광인데요.

I'm honored that you came to my recital.
제 공연에 와주셔서 영광이예요.

622 **dare**

v. 1. 감히 …하다, 대담하게도 …하다
2. 위험을 무릅쓰다

↳ **dare to+V** 감히 …하다
↳ **How dare you +V ?** 어떻게 감히 …하는 거야?
↳ **I dare say** 아마도(I suppose)

How dare she say bad things about me to all of my friends!
어떻게 걘 내 친구들 다 있는데서 날 안좋게 말할 수 있는거야?

623 **progress** n. 1. 전진, 발전, 진보 2. 경과, 추이
v. 전진하다, 진보하다

↳ **progressive** a. 전진하는, 진보적인, 혁신적인
↳ **progression** n. 전진, 진행, 발달

I'll be sure to keep you informed as negotiations progress.
협상이 진행되는 거에 따라 계속 소식을 꼭 전해줄게.

We've been working all day and have made a lot of progress.
우린 온종일 일해서 많은 진전을 봤어.

624 **receive** v. 받다, 받아들이다

↳ **reception** n. 환영회, 접대, 접수
↳ **receipt**[risíːt] n. 영수증, 수령

We receive a bonus in July and December. 7월과 12월에 보너스를 받아.

Can I have a receipt, please?
영수증을 받을 수 있을까요?

Here is your change and receipt.
여기 잔돈과 영수증요.

625 **deserve** v. …할 만하다, …할 만한 가치가 있다

↳ **deserved** a. 당연한
↳ **deserve to+V** …할 만한 가치가 있다

You deserve it. 넌 충분히 그럴만해.

You more than deserve it.
너 정도면 충분히 그럴 자격이 되고도 남아.

626 **intention** n. 의도, 의지

> ↳ intended a. 의도된, 고의의
> ↳ intent n. 의향, 목적
> ↳ have no intention of ~ing …하려는 생각이 없다

I don't think that was her intention.
난 그게 걔의 의도가 아니었다고 생각해.

Mike intends to go to law school after he finishes university.
마이크는 대학을 마친 후에 법과대학에 갈 생각이다.

627 **attend** v. 1. 출석하다 2. 시중들다, 보살피다
3. 주의하다, 경청하다

> ↳ attendance n. 출석, 출석자(수), 간호
> ↳ attendant n. 승무원
> ↳ attention n. 주의, 배려

Something came up and he can't attend our wedding.
일이 생겨서 걔는 우리 결혼식에 올 수가 없어.

I need you to attend my meeting this afternoon. 오늘 오후에 있을 회의에 참석해주세요.

628 **occupy**

v. 1. (시간, 장소를) 점유하다, 차지하다 2. 점령하다
3. 종사시키다

ㄴ **occupation** n. 직업, (가옥) 점유, 보유, 점령

Thoughts of that woman occupy my mind quite often. 저 여자 생각에 사로잡혔어.

629 **command**

v. 1. 명령하다(order), 지휘하다 2. (감정) 지배하다
3. (언어 등) 자유로이 쓰다 4. (전망) 내려다보다
n. 명령, 지휘, 억제력, (언어) 구사력

ㄴ **commander** n. 지휘관, 사령관
ㄴ **command a fine view of~** …의 전망이 좋다

Annie decided she would command the soccer club. 애니는 축구클럽을 이끌겠다고 결심했다.

I don't have to obey your commands.
난 네 명령에 따를 필요가 없어.

Lisa has a good command of the Italian language. 리자는 이태리말을 아주 잘 해.

630 **divide**

v. 분할하다, 나누다

ㄴ **divided** a. 분할된, (의견이) 각각 다른
ㄴ **division** n. 분할, 분배, 나눗셈

The land has been divided into evenly-sized sections. 그 땅은 공평한 크기로 분할되었다.

631 ◉ **stable**

a. 안정된, 불변의(↔ unstable 불안정한)
n. 마구간

⌐ **stability** n. 안정, 안정성(↔ instability 불안정성)
⌐ **stabilize** v. 안정시키다

A: I wish I could work for the government.
내가 공무원이라면 좋겠는데.

B: **It's a stable job** but not very exciting.
안정적이기는 하지만 재미가 없잖아.

632 ◉ **gather**

v. 1. 모으다, 수집하다(collect), 모이다(get together)
2. 생각하다, 추측하다

⌐ **gathering** n. 모임, 회합

There's a crowd **gathered** near the
street corner. 길 모퉁이에 사람들이 모여 있다.

633 ◉ **project**

v. 1. 계획하다 2. 투영하다
n. 기획, 계획, 안, (대규모) 사업

⌐ **projector** n. 영사기
⌐ **projection** n. 투영, 돌출

Let's meet to talk about **the new
project.** 만나서 새로운 프로젝트건 얘기하자.

What happened to **the project?**
그 프로젝트는 어떻게 됐어?

effort

n. 노력, 노력의 성과

└ make an effort[efforts] 노력하다

What you need is a little more effort.
조금만 더 노력하면 돼.

We're putting every effort into it.
모든 노력을 기울이고 있어요.

include

v. 포함하다(↔ exclude 제외하다)

└ including prep. …을 포함하여, …을 넣어서
└ inclusion n. 포함

Are drinks included in the price?
음료는 가격에 포함되어 있는 건가요?

It's twenty dollars, including tax.
세금포함해서 20달러예요.

lend

v. 1. 빌려주다(↔ borrow 빌리다) 2. 주다, 제공하다

Would you lend me your phone?
전화기 좀 빌려줄 수 있겠니?

Can you lend me $10,000 for a few months? 한 몇 달간만 만 달러 좀 빌려주시겠어요?

tip lend vs. borrow

lend 내가 남한테 빌려주는 것.
borrow 내가 남한테 빌려오는 것.
Can you lend me your book? = Can I borrow your book?
네 책 좀 빌려줄래?

637 **contact** n. 접촉, 연락, 교제, 거래상 지인 v. 접촉하다, 연락하다

↳ **be in contact with** …와 접촉하고 있다
↳ **lose contact with** …와 연락이 끊기다

I want you to contact her right away.
당장 걔한테 연락해.

How can he get in contact with you?
어떻게 당신께 연락드리죠?

638 **valuable** a. 귀중한, 값비싼 n. (pl.) 귀중품

↳ **invaluable** a. 매우 귀중한(priceless)
↳ **valueless** a. 하찮은
↳ **value** n. 가치, 가격

Are you sure that painting is valuable?
저 그림이 값어치 있는 게 확실해?

Can you keep my valuables?
귀중품을 맡길 수 있어요?

639 **predict** v. 예언하다, 예보하다(foretell)

↳ **predictable** a. 예언할 수 있는(↔ unpredictable 예언할 수 없는)
↳ **prediction** n. 예언, 예보(prophecy)

I don't believe you can predict the future. 네가 미래를 예측한다는 걸 믿을 수 없어.

640 fashion

n. 1. 유행(vogue) 2. 방식, …하는 식 3. 패션업

> ↳ old-fashioned 구식의
> ↳ in a ~ fashion …하는 방식으로

I want to buy a fashionable winter hat.
요즘 유행하는 겨울 모자를 사고 싶어요.

I really like Mona's sense of fashion, especially her clothes.
난 정말 모나의 패션감각, 특히 걔 옷들을 좋아해.

641 relative

a. 상대적인 n. [rélətiv] 친척

> ↳ relatively ad. 상대적으로
> ↳ relation n. 1. 관계, 관련 2. 친족(relative)

She lived alone. Her only relative was a nephew. 걘 혼자 살았고 사촌이 유일한 친척이었어.

This program is relatively easy to use.
이 프로그램은 상대적으로 사용하기 쉽다.

642 passion

n. 열정, 격정, 열중

> ↳ passionate a. 정열적인, 열렬한
> ↳ have a passion for …을 좋아하다

Revenge is an act of passion.
복수는 일종의 열정의 한 행위이다.

Your sister is a very passionate woman.
네 누이는 매우 정열적인 여자이다.

643 ◉ **product**

n. 1. 산물, 제품 2. 작품 3. 결과

┗→ **produce** v. 생산하다, 제조하다

Some products were recalled and the rest were fixed.
일부 제품은 회수됐고 나머지는 수리됐다.

Some products are here, the rest are in the warehouse.
제품 일부는 여기 있고 나머지는 창고에 있습니다.

Our employees are not very productive.
우리 직원들이 매우 비생산적이야.

644 ◉ **trouble**

n. 1. 걱정, 고민, 곤란 2. 고생거리, 폐 3. 고장, 결점
v. 1. 난처하게 하다, 괴롭히다 2. 폐를 끼치다

┗→ **have trouble (in) ~ing** …하는 데 몹시 힘들다
┗→ **go to the trouble of ~ing** 수고스럽게도 …하다
┗→ **be in trouble** 곤경에 처하다

I'm having trouble getting it finished on time. 제시간에 그걸 끝내기가 어려워.

I'm sorry to trouble you. 귀찮게 해서 미안해.

645 ◉ **claim**

v. 주장하다, (당연한 권리로써) 요구하다
n. 요구, 청구, 주장

Some people claim they have seen a UFO. 일부 사람들은 미확인물체를 봤다고 주장한다.

add

v. 더하다, 부언하다

> ↳ **add up** (합해서)…이 되다, 어떤 결과를 낳다(add up to)
> ↳ **add-on** n. 추가기기, 추가항목

5 **added** to 3 makes 8.
5이 3에 더해지면 8이 된다.

My mother is a wonderful friend in addition to a wonderful mother.
우리 엄마는 훌륭한 어머니일 뿐 아니라 훌륭한 친구이기도 해.

common

a. 1. 공통의, 공동의 2. 보통의 3. 공공의(public)
n. 공유지

> ↳ **have A in common** A를 공통으로 갖고 있다
> ↳ **common sense** 상식

He lacks **common sense**.
걔는 상식이 부족해.

Tim and I **have** several of the same hobbies **in common**.
팀과 나는 취미 몇 개를 공통으로 갖고 있어.

invent

v. 1. 발명하다, 고안하다 2. 날조하다, 조작하다

↳ **inventor** n. 발명가, 고안가
↳ **invent an excuse for** …에 대한 핑계를 꾸며대다

I wish I could **invent a new way to make money.** 돈을 버는 새로운 방법을 만들어 낼 수 있으면 좋겠어.

Necessity is **the mother of invention.**
필요는 발명의 어머니이다.

staff

n. (회사의) 직원, 참모 v. …에 직원을 배치하다

Are you going to **the staff meeting tonight?** 오늘 밤에 있을 직원회의에 갈거니?

I will **have a get-together with the staff tomorrow.** 내일 직원들과 모임이 있을거야.

occur

v. 1. (사건) 일어나다, 생기다(take place, happen)
2. (머리에 생각이) 떠오르다(to), 생각이 나다

↳ **occurrence** n. 사건, 사건의 발생
↳ **It occurred to me that S+V** …라고 하는 것
이 머리에 떠올랐다

It occurred to me that Bill doesn't have his cell phone.
빌이 휴대폰을 안가져갔다는 생각이 갑자기 떠올랐어.

UNIT 13

UNIT

14

651-700

651 **including** prep. …을 포함하여

└ include v. 포함하다

It's twenty dollars, including tax
세금포함해서 20달러예요

I have been to many countries, including England and France.
난 영국과 프랑스를 비롯해 많은 나라에 가봤어.

652 **recognize** v. 1. 알아보다 2. (사실로) 인정하다, 승인하다
3. (공로) 인정하다

└ recognition [rèkəgníʃən] n. 인지, 승인, 인정, 표창

Nancy? Is that you? I hardly recognize you. 낸시? 너야? 거의 못알아보겠어.

I didn't recognize your voice. You sounded different.
네 목소리 못알아봤어. 너 목소리가 달랐어.

653 **contain** v. 포함하다, 수용하다

└ container n. 그릇, 용기

The box contains several books and one toy. 상자 안에는 몇 가지 책들과 장난감 하나가 들어 있다.

Does it contain any alcohol?
알콜이 포함되어 있나요?

prefer

v. (오히려) …을 좋아하다, 차라리 …을 선택하다

↳ **prefer A to B** B보다 A를 좋아하다
↳ **prefer A rather than B** B하는 것보다는 차라리 A하겠다
↳ **prefer to+V** …하고 싶다

I prefer indoor sports to outdoor sports.
실외운동보다는 실내운동을 좋아해.

The company offers a special price to preferred customers.
그 회사는 우대 고객들에게 특별가격을 제공한다.

follow

v. 1. …을 따라가다, 뒤쫓다 2. …의 결과로서 일어나다
3. 이해하다(understand)

↳ **following** a. 다음의 n. 추종자, (the ~)다음에 말하는 것
↳ **follow suit** 선례를 따르다
↳ **follow the example** 선례를 따르다
↳ **as follows** 다음과 같이
↳ **follow-up** a./n. 뒤따르는, 뒤쫓음, (뒤이어 보내는) 권유장

Why do you always follow me?
왜 날 항상 따라다니는거야?

I can't follow you. Please speak slower.
이해가 안되니 좀 천천히 말해줘요.

Are you following me?
알아듣고 있지?

We expect you to follow Jeff's example.
네가 제프의 전례를 따랐으면 해.

UNIT 14

656 **debt**   n. 빚, 부채

  └ **debtor** n. 채무자(↔ creditor 채권자)

What is Bob going to do to lower his personal debt?
개인부채를 줄이기 위해 밥은 어떻게 할거래?

657 **host**   n. 주인(↔ guest)   v. 주최하다
       n. 다수(of)

  └ **hostess** n. 여주인
  └ **a host of+N** 많은…

Every spring the town hosts a festival of hot air balloons.
봄마다 그 마을은 열기구 축제를 주최한다.

658 **content**   a. …에 만족하는   n. 만족   v. 만족시키다

  └ **content** n. (pl.) 내용, 목차, 요지
  └ **contented** a. 만족한
  └ **be content with** …에 만족하다

I'm content with that. 난 그거에 만족해.

He is stirring the contents of the pot.
걘 그릇의 내용물을 휘저었다.

> **tip** content vs. contend
>
> content[kəntént] *a./n.* 만족하는, 내용
> contend[kənténd] *v.* 다투다, 경쟁하다

659 ◈ **research**

n. 연구, 조사
v. 연구하다(study), 조사하다(investigate)

↳ researcher n. 연구원
↳ do some research (인터넷) 조사하다

Mr. Smith donated money in support of cancer research.
스미스 씨는 암연구를 지원하기 위해서 돈을 기부했다.

660 ◈ **admit**

v. 인정하다, 받아들이다, (입학, 입장) 허가하다

↳ admittance n. 입장(허가)
↳ admission free 입장무료

I've been admitted to Harvard.
하바드에 입학했어.

A: **How's it going with your new job?**
새로운 일은 어떠니?

B: **I have to admit that it's pretty tough.**
정말이지 상당히 힘들어.

661 ◈ **design**

n. 디자인, 도안, 설계(도)
v. 1. 디자인하다, 설계하다 2. 계획하다, 예정하다

↳ designed a. 계획된
↳ be designed to+V …하기로 되어 있다

I don't like the way you designed this.
너 디자인한 게 맘에 안들어.

We're almost finished with this design.
이 디자인 거의 끝내가고 있어.

UNIT 14

662 ◉ **refer**

v. 1. 보내다, 참조시키다 2. 언급하다 3. 맡기다
n. 언급(mention), 관계(relation), 참조

↳ **refer to** 언급(참조, 위탁)하다

I can't believe **the referee** didn't see that. 주심이 그걸 보지 못했다니 믿기지가 않는 걸.

663 ◉ **business**

n. 1. 거래, 매매, 장사, 사업 2. 직업(무) 3. 회사, 기업
4. 용건, 관심사

↳ **business hours** 영업시간
↳ **get down to business** 일을 시작하다, 본론으로 들어가다

We're going to **expand the business** this year. 우린 올해 사업을 확장할 예정이야.

I'm going away on business to Paris.
파리로 출장을 떠나게 됐어.

664 ◉ **decide**

v. 결정하다, 결심하다

↳ **decision** n. 결정
↳ **decide on** …하기로 결정하다
↳ **make a decision** 결심(정)하다

I **decided** I wanted to come to your party. 네 파티에 가기로 결정했거든.

You decide when. 언제 만날지 네가 결정해.

I **decided to** buy real estate a few years ago. 몇 년전에 부동산을 사기로 했어.

invest

v. 투자하다, (시간, 노력) 들이다

↳ **investment** n. 투자
↳ **investor** n. 투자가

Have you thought about investing in some foreign currency?
몇몇 외환에 투자해 보는 것에 대해 생각해 보셨나요?

embarrass

v. 난처하게 하다, 당황하게 하다

↳ **embarrassing** a. 당황하게 하는
↳ **embarrassing question** 난처한 문제

That's so embarrassing! 정말 황당하다!

You embarrass me. 너 때문에 창피하다.

I'm so embarrassed. 당황했어.

> **tip** embarrassing vs. embarrassed
>
> embarrass 타동사로 …을 난처하게 하다라는 의미로 ~ing을 붙여 embarrassing하게 되면 「(무엇이) 나를 당황하게 하는」이라는 의미이고 반면 embarrassed 하면 「…에 의해 (내가) 당황한」이라는 뜻이 된다. 비슷한 경우의 동사로는 excite(exciting, excited), interest(interesting, interested), tire(tiring, tired), surprise(surprising, surprised) 등이 있다.
>
> Did you meet anyone interesting at the party?
> 파티에서 재미있는 사람 만났어?
>
> Are you interested in fishing? 낚시에 관심있어?
>
> The news was shocking. 그 소식은 충격적이다.
>
> I was shocked when I heard the news.
> 그 소식을 듣고 충격을 받았다.

UNIT 14

doubt

n. 의심, 의혹, 불신 v. 의심하다

> ↳ **beyond doubt** 의심할 여지없이
> ↳ **no doubt** 의심할 바 없이, 아마도

No doubt. 분명해.

There is no doubt about it! 틀림없어!

I doubt that they'll know what to do.
걔들이 뭘 해야 하는지 모를걸.

tip ▸ I doubt~ 과연 …일까 의심스러워
I doubt that he will come back here again.
걘 여기로 다시 오지 않을 것 같아.

▸ I suspect~ 아무래도 …인 것 같아
I suspect that many government officials take bribes.
많은 공무원들은 뇌물을 받는 것 같아.

official

a. 1. 공무상의 2. 공식의, 공인의 n. 공무원

> ↳ **officially** ad. 공식적으로
> ↳ **official record** 공인기록

That is the official car for the embassy staff. 저건 대사관 직원이 쓰는 관용차야.

A passport is an official document from your country. 여권이란 자국이 발행하는 공식문서이다.

669 ◈ communicate

v. 1. (정보) 전달하다 2. (의사) 교환하다

↳ **communication** n. (말, 정보, 의견) 전달, 연락, 의사소통, 통신(기관)

E-mail allows people in the office to communicate with the highest efficiency.
이메일 덕분에 사무실 사람들은 가장 효율적으로 정보교류를 할 수 있다.

670 ◈ feed

v. 1. 먹이다, 부양하다 2. 공급하다, 제공하다 n. 사료

↳ **feedback** n. 반응, 의견
↳ **be fed up with** …에 진절머리나다(be sick with)

Everyone is feeding the duck.
다들 오리에게 먹이를 주고 있다.

Charlie is fed up with all of the traffic jams in the city.
찰리는 시내의 교통체증에 진절머리가 난다.

671 ◈ mature

a. 1. 익은(ripe) 2. 성숙한(↔ immature 미숙한)
v. 성숙하다[시키다]

↳ **maturity** n. 성숙, 완성

He has become more mature than he was in high school.
걔는 고등학교 때보다 더 성숙해졌어.

672 ◉

odd

a. 1. 홀수의(↔ even 짝수의) 2. …남짓의 3. 기묘한, 이상한(strange)

> ↳ **oddly** ad. 기묘하게, 이상하게
> ↳ **odd number** 홀수(↔ an even number 짝수)

The weather has been odd lately.
요즘 날씨 이상하잖아.

Boy, you have an odd personality.
참, 너 성격 정말 이상하다.

673 ◉

proof

n. 1. 증거(evidence) 2. 시험, 음미
a. 막는, …을 통과시키지 않는

> ↳ **prove** v. 증명하다
> ↳ **waterproof** 방수

These photos are proof that your husband is cheating on you.
이 사진들은 네 남편이 바람피고 있다는 증거야.

674 ◉

essential

a. 1. 필수의(necessary, indispensable) 2. 본질적인
n. 본질적인 것, 불가결한 것

> ↳ **essentially** ad. 본질적으로, 본래
> ↳ **essence** n. 본질, 진수, 핵심

It is essential for you to stay calm in an emergency.
위급상황에서는 침착하는게 가장 중요해.

direction

n. 1. 방향, 2. 지도, 지휘, 감독
3. (pl.) 사용법, 설명서(instructions)

↳ sense of direction 방향감각

I think you're heading **in the wrong direction.** 방향을 잘못 잡은 것 같은데요.

Can you help me with **some directions?**
길 좀 알려주시겠습니까?

forbid

v. 금지하다(prohibit)

↳ **forbidden** a. 금지된
↳ **forbid A to+V** A가 …하는 것을 금하다

I forbid my children **to** play computer games before they finish their homework.
난 애들이 숙제를 마치기 전에는 컴퓨터게임을 하지 못하도록 했다.

afford

v. 1. (…할 경제적) 여유가 있다
2. (사물주어) 주다, 제공하다

↳ **can[could/ be able to] afford+N/ to+V**
…할 여유가 있다

↳ **affordable** a. 감당할 수 있는

A: **Can you pay for dinner? I can't afford it.** 저녁값 낼래? 내가 돈이 없어서.

B: **This is ridiculous.** 웃기는 구만.

unite

v. 1. 결합하다, 하나로 묶다 2. 단결하다

> ⌐ **united** a. 결합된
> ⌐ **unity** n. 단일, 통일, 협조, 일관성

United we stand, divided we fall.
뭉치면 살고 흩어지면 죽는다.

declare

v. 1. 공식적으로 선언하다 2. 단언하다(declare that S+V) 3. (세관) 신고하다

> ⌐ **declaration** n. 선언

The customs officer asked the couple if they had any goods to declare.
세관원은 그 부부에게 그들이 신고할 물품이 있는지 물었다.

involve

v. 1. 관련시키다 2. 포함하다, 필요로 하다 3. (수동태) 참가하다, 열중(몰두)하다

> ⌐ **involved** a. 복잡한, 관련된
> ⌐ **be involved in** …에 관련되다, …에 말려들다

It's a private matter. Don't get involved.
사생활이잖아. 간섭마.

I don't want to get involved.
끼어들고 싶지 않아.

offend

v. 1. (사람의 감정을) 상하게 하다, 불쾌하게 하다
2. (법을) 위반하다, 범하다

⤷ **offender** n. (법률) 위반자, 범죄자
⤷ **offense** n. 1. 위반, 죄 2. 모역, 기분상함 3. 공격(↔ defense)

Please don't be offended.
기분 상하지마.

I didn't mean to offend you.
기분 상하게 할 의도는 아니었어.

expose

v. 1. (바람, 비, 위기에) 몸을 드러내다, 노출시키다
2. 폭로하다

⤷ **exposed** a. 드러나, 노출된
⤷ **exposure** n. 노출, 발각, 폭로, (TV 등에) 나타남

The report will expose serious problems within the company.
그 보고서는 회사내 중요한 문제들을 노출시킬거야.

average

n. 평균 a. 평균적인, 보통의

⤷ **on average** 평균하여
⤷ **be above[below] average** 평균이상(이하)이다

My grade point average allowed me to graduate cum laude.
난 평점이 좋아서 우등으로 졸업할 수 있었다.

emphasis
n. 강조

└ emphasize v. 강조하다
└ place[put/lay] emphasis on …을 강조하다

Is there anything in particular you want me to emphasize?
내가 강조하길 바라는 뭐 특별한게 있어?

handle
n. 손잡이, 핸들 v. 손을 대다, 다루다, 취급하다

└ handling n. 취급, 처리, (축구) 핸들링반칙

Handle with care. 취급주의.

I am not sure that Ted can handle the responsibility.
테드가 그런 책임을 떠맡을 수 있을지 모르겠어.

reserve
v. 1. 준비해두다, 비축해두다 2. 예약하다(book)
n. 비축, 예비, 예비선수 a. 예비의, 제한의

└ reserved a. 1. 예비의, 보류의 2. 예약된 3. 수줍어하는(shy, timid)
└ reservation n. 보류, 제한, 조건, 예약

I reserved a room for tonight.
오늘 밤 예약했는데요.

He's so reserved.
걔는 매우 내성적이야.

due

a. 1. …할 예정이다(due to+V)
   2. (돈, 과정) 당연히 치루어져야 할, 마땅한
   3. 지급 기일이 된 4. …에 기인하는(due to+N)
ad. 바로(exactly), 정확하게 n. 정당한 보수, 회비

↳ **be due to+N** …에 기인하다
↳ **due to+N** …때문에(because, owing to)
↳ **in due course** 머지 않아

When is this due? 마감일이 언제야?

It's due on the thirtieth. 13일이 마감야.

The plane is not due to arrive for another hour.
한 시간 더 있어야 비행기가 도착할거라는 군.

contest

n. 논쟁, 경쟁 v. 경쟁하다

↳ **contestant** n. 경쟁자, 참가자

I won the speech contest at school today.
나 오늘 학교 웅변대회에서 우승했어.

plant

n. 1. 식물 2. 공장, 기계장치
v. 1. 심다, 씨를 뿌리다 2. 설치하다

↳ **plantation** n. 재배지, 농장
↳ **planting** n. 재배

He is the new plant manager.
새로 오신 공장장이신데요.

690 ● **excess**   n. 1. 초과, 과다 2. 여분 a. 초과의, 여분의

  └ **excessive** a. 과다한, 과도한
  └ **excessively** ad. 과도하게

We threw away **the excess paper** that we didn't use.
우리가 쓰지 않은 많은 서류를 내다 버렸어.

The excessive rainfall caused a flood.
비가 너무 많이 내려서 홍수가 났어.

691 ● **event**   n. 1. 사건 2. 결과 3. (경기) 종목

  └ **eventual** a. 종국의, 최후의
  └ **in any event** 좌우간(at all events)

Our school's annual festival is **its most popular event.**
우리 학교의 연례 축제는 최고 인기있는 이벤트이다.

692 ● **community**   n. 1. 공동체, 지역사회
  2. (the ~) (이해관계를 공유하는) 단체, …계

  └ **the financial community** 재계

Have you ever been to **a community hospital?**   지역 의료원에 가본 적 있어요?

preserve

v. 1. 보존하다, 유지하다(maintain) 2. 보호하다, 지키다
n. 잼, 통조림 과일 등의 보존식품

↳ **preservation** n. 보존, 보호
↳ **preservative** a. 보존하다 n. 예방법, 방부제

The government wants to preserve the historic buildings.

정부는 그 역사적인 건물들을 보존하려고 한다.

mutual

a. 상호의, 공통의

↳ **mutually** ad. 서로, 공동으로
↳ **mutual respect** 상호존경

The feeling of love was mutual between the man and woman.

사랑이란 감정은 남녀사이에 상호작용하는 것이다.

proper

a. 1. 적당한, 적절한(↔ improper) 2. 정식의(formal)
   3. 본래의, 특유의(peculiar)

↳ **improper** a. 부적당한
↳ **properly** ad. 당연히, 정확히

The mouse doesn't work properly.

마우스가 제대로 작동을 안해.

UNIT 14

696 **state**

n. 1. 상태(condition) 2. 국가 3.(the States) 미국
a. 국가의 v. 진술하다, 주장하다

↳ **statement** n. 성명서, 진술 *statesman n. 정치가
(stateswoman, statesperson)

↳ **as stated above** 상술한 바와 같이

When did your dad come to the States?
아버님이 언제 미국에 오셨니?

---

697 **defend**

v. 1. 막다, 방어하다(↔ attack 공격하다)
2. (사람, 주장) 옹호하다, 변호하다

↳ **defense** n. 방어, 수비, 옹호
↳ **defensive** a. 방어적인

**A lot of money is spent on the defense
of South Korea.** 많은 비용이 한국방어비로 쓰인다.

---

698 **advise**

v. 충고하다, 권하다, …에게 알리다

↳ **advice** n. 주의, 충고, 알림, 통지
↳ **advisable** a. 권할 만한

Thanks for the advice.
충고해줘서 고마워.

Can you give me some advice?
조언 좀 해줄래?

useful

a. 쓸모있는, 유용한

↳ **use** n. 사용 v. 사(이)용하다
↳ **useless** a. 쓸모없는

The book contains a wealth of useful information. 그 책에는 많은 풍부한 정보가 들어있어.

oppose

v. 반대하다, 대항하다

↳ **opposition** n. 반대, 대립, (정치) 야당
↳ **be opposed to** …에 반대하다

I am opposed to all forms of the death penalty. 난 모든 형태의 사형에 반대해.

UNIT 14

UNIT

15

701-750

701 ● **correspond** v. 1. 일치하다, …에 해당하다 2. 서신왕래하다

> └ **correspondence** n. 조화, 일치, 유사, 통신
> └ **correspondent** n. 통신자, 특파원

I went to a breakfast with other foreign correspondents.
다른 해외특파원들과 함께 아침먹으러 갔어.

702 ● **prevent** v. 1. 막다 2. 예방하다, 피하다

> └ **preventive** a. 예방의, 예방하는
> └ **preventive measure** 예방책
> └ **prevent A from ~ing** A가 …하는 것을 못하게 하다

What is the best way to prevent getting heart disease?
심장병을 예방하는 최선의 방법이 뭐죠?

703 ● **prospect** n. 1. 전망 2. 예상, 기대 3. 가망손님, 유력후보자
v. (금광, 석유) 답사하다

> └ **prospective** a. 유망한, 장래의

The young golfer has the prospect of becoming quite famous.
그 젊은 골퍼는 꽤 유명해질 가능성이 있다.

704 ◈ forgive

v. 용서하다(pardon)

> ↳ **forgiveness** n. 용서
> ↳ **forgive A for B** A의 B를 용서하다

That's all right. I forgive you.
괜찮아요. 용서해드리죠.

I'll never do that again. Please forgive me. 다신 안 그럴게. 용서해줘.

705 ◈ capital

n. 1. 수도, 중심지 2. 대문자(capital letter) 3. 자본
a. 주요한(chief)

> ↳ **capitalism** n. 자본주의
> ↳ **capital city** 수도

Can you name the capital of the country of Hungary?
헝가리 수도 이름 댈 수 있어?

The government buildings are all located in the capital.
정부건물들은 모두 수도에 있어.

All sentences should be started with a capital letter.
모든 문장은 대문자로 시작해야 한다.

industry

n. 1. 산업, 공업, 산업계 2. 근면

> ↳ industrious a. 근면한
> ↳ industrial a. 산업의, 공업의
> ↳ the fashion industry 패션업계

The high-tech industry offers the highest salaries. 첨단산업은 고임금을 제공한다.

The Korean movie industry has grown over the past few years.
한국의 영화산업은 지난 몇 년간 성장해왔다.

▶ **tip** industrious vs. industrial

> ▸ industrious *a.* 근면한
> Because he was industrious, Marc soon became wealthy.
> 마크는 근면했기 때문에 바로 돈을 많이 벌었다.

> ▸ industrial *a.* 산업의, 공업의
> Busan is an industrial city, located near the ocean.
> 부산은 바다 근처에 위치한 산업도시이야.

refuse

v. 거절하다, 거부하다
n. [réfjuːs] 쓰레기(trash, garbage)

> ↳ refusal n. 거절, 사퇴
> ↳ refuse to+V …하려 하지 않다

The boss refuses to give it his OK.
사장이 승낙하지 않고 있어.

express

v. 표현하다 a. 1. 명백한(clear, definite) 2. 급행의
n. 급행열차

↳ **expressly** ad. 명백히, 일부러
↳ **expression** n. 표현, 표시

**I can't express how much I appreciate
all your help.** 도와줘 얼마나 고마운지 몰라요.

resist

v. 1. 저항하다, 격퇴하다 2. (병, 화학작용) 견디다
n. 방부제

↳ **resistible** a. 저항할 수 있는
↳ **resistance** n. 저항

**It's hard to resist the temptation to do
bad things.**
나쁜 일을 하자는 유혹에 저항하는 것은 쉽지 않다.

allow

v. 허락하다, 인정하다, 지급하다, 고려하다

↳ **allow A to B** A가 B하도록 허락하다
↳ **be allowed to+V** …하는 것이 허용되다
↳ **allow oneself to+V** 큰 맘먹고 …하다

**As of today, we no longer have a travel
allowance.** 오늘부터 출장비 없대.

**You shouldn't be allowed to smoke in
the office.** 사무실에서 금연입니다.

UNIT 15

case

n. 1. 경우 2. 사정, 실상 3. 문제 4. 사건, 소송 5. 환자
n. 상자, 용기

> ↳ win a case 소송에서 이기다
> ↳ in case S+V …하는 경우에는
> ↳ emergency case 위급환자

That is not the case. 사정이 그렇지 않다.

In that case I'll change the plans.
그렇다면 계획을 수정해야겠군.

identify

v. 1. 확인하다, 인지하다 2. 동일시하다 3. 공감하다

> ↳ identification n. 신원의 확인
> ↳ conceal[reveal] one's identity 신원을 숨기다(밝히다)

**I'd say they're identical. They look so
alike.** 걔네들이 쌍둥이라고 말할 수 있지. 너무 똑같아.

beat

v. 1. 치다, 때리다 2. …을 물리치다 3. (심장이) 뛰다
n. 1. 때리기 2. 심장고동 3. (음악) 박자(rhythm)

> ↳ beat the traffic 교통체증을 피하다, 벗어나다
> ↳ buzzer beat (농구) 종료 버저와 함께 터지는 극적인 골

Beats me! 정말 몰라!

We'll beat this team. Never say die!
우린 이 팀을 물리칠거야. 약한 소리 하지마!

714 **complain** v. 1. 불평하다 (complain of[about]~, complain that S+V) 2. (고통) 호소하다

└ **complaint** n. 불평, 불만, (법)고소, 항고
└ **file a complaint against** …을 고소하다

(I) Can't complain. 잘 지내.

(I have) Nothing to complain about.
잘 지내.

No complaints. 잘 지내.

What's your complaint? 어디가 아프세요?

715 **perform** v. 1. 연기하다, 공연하다
2. (어려운 일을) 실행하다, 이행하다(carry out)

└ **performance** n. 공연, 실행, 수행
└ **performer** n. 연기(주)자, 행위자

I'm really worried about **my performance tonight.** 오늘밤 공연이 많이 걱정돼.

716 **effect** n. 1. 결과(↔ cause 원인) 2. 효과, 영향 3. 인상
v. (변화 등을) 가져오다, 초래하다

└ **effective** a. 효과적인, 유효한, 인상적인
└ **take effect** 효력이 발생하다
└ **side effect** 부작용

The cold weather **had a bad effect on my health.** 추운 날씨는 내 건강에 나쁜 영향을 끼쳤다.

harm

n. 해, 손해 v. 손해를 끼치다

> ↳ **harmful** a. 해로운
> ↳ **harmless** a. 무해한, 악의없는
> ↳ **do harm to A[=do A harm]** …에게 해를 끼치다

No harm done. 피해없음. 잘못된거 없어.

I didn't mean any harm.
해를 끼칠려고 한 건 아니야.

What's the harm? 손해볼게 뭐야?

infinite

a. 무한의, 막대한

> ↳ **infinitely** ad. 무한히, 끝없이, 대단히

There are an infinite number of things we can do tomorrow.
우리가 내일 할 수 있는 일은 무한대로 많아.

It seems like I have an infinite amount of work to do.
내가 할 일이 엄청나게 많은 것 같아.

tip infinite vs. definite
infinite *a.* 무한의
definite *a.* 뚜렷한, 한정된

719 ◉ **cost**

n. 1. 비용, 가격, 원가 2. 희생, 손해
v. 1. 비용이 들다 2. (노력, 시간) 걸리다, …을 잃게 하다

↳ cost-effective 비용대비 효과적인
↳ at a cost of …의 비용으로
↳ at the cost of …을 희생으로 하여
↳ at all costs 어떤 희생을 치르더라도(at any cost)

How much does it cost?
이거 가격이 얼마예요?

Your mistake cost me a lot of money.
네 실수 때문에 돈 많이 까먹었어.

720 ◉ **develop**

v. 1. 발달(전)하다 2. 개발하다 3. (논의) 전개하다
4. (병에) 걸리다

↳ developer n. 개발자
↳ the developing countries 개발도상국

We are going to develop plans for a new factory.
새로운 공장의 설계도를 개발할거야.

721 ◉ **earn**

v. 1. 생활비를 벌다 2. (명성 등) 획득하다

↳ earnings n. 소득
↳ earn a good reputation 좋은 평판을 얻다

He's worked hard to earn their respect.
그는 존경심을 얻기 위해 열심히 일을 했다.

prime

722

a. 첫째의, 주요한, 가장 중요한, 일류의
n. 1. 초기 2. (the ~) 전성기

   ⌐ **primitive** a. 1. 초기의(early), 원시적인 2. 근원의
      (original)

   ⌐ **prime minister** 수상

How much does a 30-second spot cost during prime time?
황금 시간대에 30초 광고는 얼마나 하죠?

fetch

723

v. 가서 가져오다

A: **Get ready! It's going to rain soon.**
준비해! 곧 비가 올거야.

B: **I'll fetch my umbrella.** 우산 좀 가져올게.

regard

724

v. 1. 주시하다 2. 고려하다 3. 존중하다, 존경하다
n. 1. 주의, 배려(care) 2. 존경(respect) 3. 관계

   ⌐ **regardless of** …에 관계없이(without regard to)
   ⌐ **regarding** …에 관하여는, …의 점에서는
   ⌐ **regard A as B** A를 B로 간주하다

Please give my regards to your family.
가족에게 안부 전해줘.

You have been unkind, with regard to your children.
넌 네 얘들에게 다정하지 못했어.

725 ◈ define
v. (어구, 개념) 정의하다, 특징을 나타내다

↳ **definite** a. 한정된, 뚜렷한
↳ **definition** n. 정의, 선명도, 해상도

I don't have any definite plans at the moment. 지금은 어떤 명확한 계획도 없어.

Can you define the words on this page?
이 페이지의 단어들 정의할 수 있어?

726 ◈ extra
a. 여분의, 특별의
n. (제품에 달린) 서비스품목, (영화) 보조출연자

Do I have to pay extra for delivery?
배달하는데 추가요금을 내야 하나요?

727 ◈ protect
v. 보호하다, 지키다

↳ **protection** n. 보호
↳ **protect A from B** B로 부터 A를 지키다

I have to protect his privacy.
난 걔의 사생활을 보호해줘야 돼.

The welder's wearing protective clothing.
용접공은 보호복장을 입고 있다.

> **tip** protect vs. protest
> ▸ protect *v.* 보호하다
> ▸ protest *v.* 항의하다

respect

n. 1. 존경, 존중, 경의 2. 점 3. 관계
v. 존경하다(look up to ↔ despise, look down on)

↳ **respective** a. 각각의
↳ **respectively** ad. 각각, 따로따로
↳ **in this respect** 이 점에서

I've always liked and respected Johnson.
난 항상 존슨을 좋아하고 존경해왔어.

He's the best player at our team, in every respect. 걘 모든 면에서 우리 팀 최고선수야.

engage

v. 1. 약속하다, 약혼시키다 2. 종사하다, 몰두하다
3. 고용하다(hire)

↳ **engaged** a. 바쁜, 약혼중인, (전화, 화장실) 사용중인
↳ **engagement** n. 약속, 계약, 약혼(engage oneself to)
↳ **be engaged in** …에 종사하다, 몰두하다
↳ **be engaged to** …와 약혼하다

I'd love to come, but I have an engagement. 가고 싶지만 약속이 있어.

I am engaged in writing a report and I can't talk to you now.
난 지금 보고서를 쓰고 있어서 너하고 말할 수 없어.

stock

n. 1. 재고(품) 2. 주식(share) 3. (집합적) 가축
   4. (나무) 줄기
v. 1. (상점이 물품을) 갖추다 2. 채우다, 비축하다

↳ **stockbroker** 주식중개인
↳ **out of stock** 품절되어

Let me see if we have that kind of watch in stock.
그런 종류의 시계가 있는지 살펴 보죠.

A: **What do you do for a living?**
무슨 일을 하세요?

B: **I'm a stockbroker.**
주식 중개인입니다.

cast

v. 1. 던지다(throw) 2. 주조하다 3. …의 배역을 정하다
n. 1. 던지기 2. 주조, 깁스 3. 배역

↳ **casting** n. 배역, 주조
↳ **casting director** 배역 담당 책임자
↳ **cast one's ballots** 투표하다

The die is cast. 주사위는 던져졌다.

For how long do I have to keep the cast on? 얼마동안 깁스를 해야 합니까?

UNIT 15

732 ● bet

n. 내기 v. 1. 내기하다, …을 걸다 2. 단언하다, 주장하다
(I bet (that) S+V)

↳ **I bet you!** 정말야! 확실해!
↳ **You bet.** 확실해, 물론이지.

Let's make a bet on which team is going to win this game.
이번 경기에서 어느 팀이 이길지 내기해요.

I bet you will find a new boyfriend soon. 넌 곧 틀림없이 새로운 남자친구를 만나게 될거야.

733 ● concentrate

v. 집중하다, (주의, 노력) 전념하다

↳ **concentrate (A) on B** (A를) B에 집중하다

It is difficult to concentrate on work when it is sunny and warm outside.
바깥 날씨가 화창하고 따뜻할 때 일에 집중하는 건 어려워.

734 ● definite

a. 1. 한정된(fixed ↔ indefinite 불명확한)
2. 명확한(precise), 확실한(sure)

↳ **definitive** a. 결정적인
↳ **definitely** ad. 확실히, 틀림없이
↳ **indefinitely** ad. 막연히, 무기한으로

Definitely not! 절대 아냬

Definitely, I got an e-mail from him early this afternoon.
틀림없어요. 오늘 오후 일찌감치 그 사람한테 이메일을 받았어요.

inform

v. 알리다, 고하다

↳ **information** n. 정보, 자료
↳ **well-informed** 잘 알고 있는
↳ **for your information** 참고삼아 말하자면

This information is very important.
이 정보는 매우 중요한거야.

I'll get some more information before I invest. 투자하기 전에 좀 더 알아봐야겠어.

Did you download the information on the disk? 그 정보를 디스크에 다운 받았니?

respond

v. 1. 응답하다, 대답하다 2. 반응하다(react)

↳ **response** n. 응답, 반응
↳ **responsive** a. 대답하는, 응하는

5.8 percent of the respondents said that they have had pets.
응답자들의 5.8퍼센트가 애완동물을 키워본 경험이 있다고 대답했다.

Why haven't you responded to Bill's fax yet? 왜 아직 빌의 팩스에 답하지 않았어?

protest

v. 1. 항의하다, 이의를 제기하다 2. 주장하다, 단언하다
n. [próutèst] 항의, 이의

The workers feel they should protest the cut in their salary.
근로자들은 임금삭감에 대해 항의해야 된다고 생각하고 있다.

738 cause

n. 원인, 이유, 근거, 주의주장, 대의명분
v. …의 원인이 되다, 야기하다

> ↳ **cause and effect** 인과관계
> ↳ **cause A to+V** A가 …하게끔 하다

I think you caused this accident.
너 때문에 이 사고가 난 것 같아.

I don't want to cause problems.
문제 일으키고 싶지 않아.

What caused you to have a stomachache?
왜 복통이 일어난거야?

739 excel

v. 능가하다, …보다 낫다, 뛰어나다

> ↳ **excellent** a. 훌륭한, 뛰어난

Your son really excels at his school.
네 아들은 학교에서 정말 뛰어나.

740 current

a. 1. 통용되고 있는 2. 현재의(present)
n. 1. 흐름, 해류 2. 전류 3. 경향, 추세

> ↳ **currently** ad. 일반적으로, 널리, 현재(at present)

We apologize for the technical problems we are currently experiencing.
저희가 현재 경험하고 있는 기술상의 문제들에 대하여 사과를 드립니다.

Living in the current century means living in a digital age.
21세기를 살아간다는 것은 디지털 시대를 살아가는 것이다.

found

v. …의 기초를 두다, 설립하다(establish)

↳ founder n. 창립자, 창시자
↳ foundation n. 토대, 기초, 설립, 건설, (재단 등의) 기금, 기부금

Mr. McNeil is helping to found a hospital in this area.

맥닐 씨는 이 지역에 병원을 건립하는 것을 돕고 있다.

load

n. 1. 짐(burden), 적재량 2. 부담
v. 1. (짐을) 싣다 2. (필름을 카메라에) 넣다

↳ loaded a. 짐을 실은, 만원의, 장전된
↳ unload v. 짐을 내리다
↳ a load of = loads of 많은

How often do you download the latest software?

최신 소프트웨어를 얼마마다 다운받아?

Can you load the software onto my computer?

그 소프트웨어 내 컴퓨터에 깔아줄래?

UNIT 15

course

n. 1. 진로, 진행, 방향 2. 경과, 추이 3. 방침, 수단
4. 강좌, 강의

↳ of course 당연히, 물론

Of course, I will be there! 물론, 꼭 갈게!

I hope to enroll in a course this summer.

올 여름에 한 과목 등록하고 싶어.

744 extreme

a. 극단의, 과격한, 맨 끝의 n. 극단, 극도

↳ **extremely** ad. 극단적으로

I've heard that Korea has an **extremely** high cost of living.
한국은 생활비가 대단히 비싸다고 들었는데.

745 apparent

a. 1. 외견상 2. 명백한(evident, obvious)

↳ **apparently** ad. 외관상으로는, 언뜻 보기에, 명백히

It was apparent that Susan had been drinking a lot of alcohol.
수잔은 술을 많이 마신게 확실했어.

Apparently he's booked a hotel somewhere in Manhattan.
그 사람은 분명히 맨해튼 어딘가의 호텔에 예약했어.

746 wrap

v. 감싸다, 포장하다

↳ **wrap up** (일) 끝내다
↳ **be wrapped up in** …에 열중하고 있다

Do you want me to **wrap it up** for you?
포장해 드릴까요?

Please **wrap it.** 포장해주세요.

bill

n. 1. 계산서, 청구서 2. (의회) 법안 3. 지폐
v. 계산서를 기입하다, 청구서를 보내다

└ **billing** n. 청구서 작성

Here's your bill.
청구서 여기 있습니다.

Would you please break this 100 dollar bill for me? 백달러 지폐를 작은 것으로 바꿔줄래요?

provide

v. 1. 주다, 제공하다, 공급하다 2. 준비(대비)하다

└ **provision** n. 공급, (pl.) 양식
└ **provided[providing]** conj. …을 조건으로, 만약 …이면
└ **provide A with B** A에게 B를 제공하다(supply A with B)

We need to provide Alfonse with some background information.
알폰서에게 기초정보를 제공해야 돼.

My father provides me with money to buy things. 아버지가 물건들 살 돈을 주셔.

economy n. 1. 경제 2. 절약

⌐ **economize** v. 경제적으로 쓰다, 절약하다
⌐ **economical** a. 경제적인, 절약하는(thrifty)
⌐ **economic** a. 경제에 관한

What will the economy be like next year? 내년에 경기가 어떻게 될까?

I'm majoring in economics.
경제학을 전공하고 있어.

tip economic vs. economical
▸ economic *a.* 경제에 관한
▸ economical *a.* 경제적인, 절약하는(thrifty)

succeed v. 1. 성공하다, 합격하다 2. 상속하다, 계승하다
3. 잇따라 일어나다

⌐ **success** n. 성공(↔ failure), 성공한 사람
⌐ **succession** n. 연속(물), 계승
⌐ **successive** a. 잇따른, 계속되는

The business was a success and we made a lot of money.
사업이 성공적이어서 우린 돈을 많이 벌었다.

Who'll be named to succeed your boss?
사장 후임으로 누가 지명될거래?

tip successful vs. successive
▸ successful *a.* 성공한
▸ successive *a.* 잇따른, 계속되는

UNIT

16

751-788

751 **conduct** n. 행위(behavior) 2. 지도, 안내(guidance), 관리, 경영
v. 1. 행동하다 2. 안내하다(guide) 3. 지휘하다
4. (열, 전기) 전도하다

└ **conductor** n. 1. 안내자, 관리자, 지도자 2.(열차) 차장

Try to conduct yourself with pride and dignity. 긍지와 품위를 지니고 행동하도록 해라.

752 **dictate** v. 1. 구술하다, 받아쓰게 하다 2. 명령하다, 지시하다

└ **dictation** n. 구술, 받아쓰기
└ **dictatorial** a. 독재적인

The teacher will dictate what you study.
선생님은 너희들이 공부할 것을 지시할 것이다.

Can you take dictation during the meeting? 회의때 받아적을 수 있어?

753 **regret** n. 후회, 유감 v. 후회하다(regret ~ing/that S+V), 유
감으로 생각하다(regret to+V)

└ **regretful** a. 유감으로 생각하는, 후회하는
└ **regrettable** a. 유감스런, 슬퍼할 만한
└ **I regret to say that S+V** 유감스럽게도 …하다

I regret meeting you. 널 만난 걸 후회해.

I regret doing that. 그렇게 안하는 건데.

You'll regret it. 넌 후회하게 될거야.

754 ● **deliver**

v. 1. 배달하다, 인도하다 3. 연설(강연)하다 2. 분만하다, 아이를 낳다

↳ **delivery** n. 배달, 출산
↳ **on delivery** 배달과 동시에

Can I have these delivered to this address? 이 주소로 배달돼요?

Please deliver it to my home.
이거 집으로 배달해줘요.

755 ● **diet**

n. 1. 일상의 식품, 음식물 2. 식이요법
v. 다이어트하다

↳ **dietitian** n. 영양사
↳ **be on a diet** 다이어트중이다

I'm on a diet. 다이어트중이에요.

So you want a diet soda to drink?
다이어트 소다를 드신다고요?

756 ● **lack**

n. 부족, 결핍 v. 부족하다, …이 없다

↳ **for lack of** …의 결핍 때문에
↳ **lacking** a. 부족한

He's tried to quit several times, but he can't. He lacks the willpower.
걘 몇차례 그만두려고 했지만 그러지 못했어. 걘 의지력이 부족해.

757 ⊙ **blame**   v. 비난하다, …의 책임으로 돌리다   n. 비난

> ↳ **be to blame (for A)** (A의) 책임을 져야 마땅하다
> ↳ **blame A for B** B로 A를 비난하다, 책임을 묻다
>   (blame B on A)

I don't blame you.
(너의 입장이나 사정이) 그럴만도 하다.

It was my fault. I take the blame.
내 실수야. 내가 책임질게.

Don't blame yourself.   너무 자책하지마.

---

758 ⊙ **exchange**   v. 교환하다, 서로 바꾸다   n. 교환(물), 환전

> ↳ **exchange of information**   정보교환

I'd like to exchange this for something else.   이걸 다른 것으로 교환하고 싶은데요.

Would you exchange it for me?
교환해줍니까?

---

759 ⊙ **permit**   v. 허가하다, 허락하다   n. 면허장[증], 증명서, 허가

> ↳ **weather permitting**   날씨가 좋으면
> ↳ **without permission**   허가를 받지 않고, 무단히

Will you permit me to leave work early today?   오늘 조퇴하는거 허락해줄래요?

Do not use these columns without permission from us.
이 칼럼들은 우리 허락없이 사용하지 마시오.

launch

v. 1. 발사하다, 발진시키다 2. 시작하다
n. 착수, 개시, 신규발간

> ↳ launching n. 개시하기, 착수

Do you still think we should launch our new product?
아직도 우리가 신제품을 출시해야 한다고 생각하나요?

demand

v. 요구하다, …이 필요하다 n. 요구, 청구, 필요, 수요

> ↳ demanding a. 일이 하기 벅찬, 힘든, 너무 많은 요구를 하는
>
> ↳ be in demand 수요가 있다, 잘 팔린다
>
> ↳ on demand 요구대로

Olivia's boss is very demanding.
올리비아의 사장님은 요구가 너무 많다.

This style of clothing is in demand these days.
이 스타일의 옷이 요즘 잘 나가.

connect

v. 연결하다, 접속하다, 연관시키다(associate)

> ↳ connected a. 연결된
>
> ↳ connection n. 연결, 관계, 접속, 연고(줄)
>
> ↳ well-connected 연줄이 좋은

I tried to connect to the Internet, but I did it wrong.
인터넷 연결하다 잘못했어.

I need to catch my connecting flight.
연결 비행편을 타려고 하는데요.

UNIT 16

matter

n. 1. 물질 2. 문제, 일 v. 중요하다

↳ a matter of time 시간문제
↳ a matter of life and death 사활의 문제
↳ as a matter of fact 사실상(in fact)

What's the matter with you?
무슨 일이야?, 도대체 왜그래?

It doesn't matter to me. 난 아무래도 상관없어요.

prior

a. 1. (시간, 순서) 앞선(↔ posterior)
   2. …보다 앞선, 중요한

↳ priority n. 우선권, 우선사항
↳ prior to …보다 전에
↳ give priority to …에게 우선권을 주다

I want you to give this top priority.
이거에 최우선을 두게.

I had been a counselor, prior to getting a teaching job. 선생님일을 하기 전에는 상담사였어.

suggest

v. 1. 제안하다, 권하다 2. 암시하다, 넌지시 말하다

↳ suggestion n. 제안, 암시, 연상
↳ make a suggestion 제안하다
↳ I suggest S+V …을 해봐, …을 제안할게

I want to make a suggestion.
제안 하나 할게.

So what do you suggest? 그럼 어떻게 하죠?

blind

a. 눈 먼, 보이지 않는, 맹목적인   v. 눈을 가리게 하다
n. 덮어 가리는 물건, 블라인드

↳ blind date   서로 모르는 남녀간의 만남
↳ turn a blind eye to   …을 못 본 체하다
↳ be blind to   …을 깨닫지 못하다

A well known school for the blind is located in Chicago.
한 유명한 맹인학교가 시카고에 있다.

I had to turn a blind eye to my friend's bad behavior.
내 친구의 못된 행동을 못 본척 할 수 밖에 없었다.

cheat

v. 1. 기만하다, 속이다(deceive) 2. 부정한 짓을 하다
n. 사기, (시험의) 부정행위

↳ cheat on B with A   B몰래 A와 바람피다

You should be ashamed of cheating on your exam.   컨닝한 걸 수치스러워 해야지.

opposition

n. 반대, 대립, (정치) 야당

↳ oppose   v. 반대하다, 대항하다
↳ opposite   a. 마주보고 있는, 정반대의   prep. …의 반대편에

The union stood in opposition to the plan to reduce employees.
노조는 인원감축안에 반대했다.

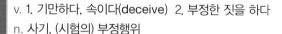

UNIT 16

769 ◈ separate

v. 분리하다, 가르다, 별거하다 a. [sépərit] 분리된, 헤어진

> ↳ **separation** n. 분리, 이탈, 이별, 별거
> ↳ **separate A from B** B로부터 A를 분리하다

The children had their own separate bedrooms. 애들은 각각 침실을 따로 썼다.

Jill and Tom are living in separate houses. 질과 탐은 서로 다른 집에서 살고 있다.

770 ◈ exhibit

v. 전시하다 n. 전시(회), 전람, 진열

> ↳ **exhibition** [èksəbíʃən] n. 전시(회), 전람(회), 박람회

The exhibition booth opens at 8:30.
전시회관은 8시 30분에 문을 연다.

771 ◈ supply

v. 1. 공급하다(↔ demand), 지급하다 2. 보완하다
n. 1. 공급(품), 보급 2. 재고품

> ↳ **supply A with B** A에게 B를 공급하다

Can you supply me with some information about your company?
네 회사 정보 좀 내게 줄 수 있어?

The supply cabinet is almost completely full. 보급품 캐비닛은 거의 꽉 차 있어.

772 ◈ consider

v. 숙고하다, 검토하고, 고려하다

└ **consideration** n. 고려
└ **considering** …을 고려하면, …을 생각하면

I'm considering quitting my job.
회사를 그만 둘까 생각중야.

I think you should consider getting another job. 다른 일 할 걸 생각해봐.

Please reconsider my offer.
내 제안을 다시 한번 재고해줘.

tip considerable vs. considerate

▶ considerable *a.* (수량이) 상당한
There was a considerable amount of rain during the storm. 폭풍 때 상당히 많은 양의 비가 내렸어.

▶ considerate *a.* 사려깊은
Pat tries to be considerate of his brothers when they are together.
팻은 함께 있을 때 형제들에게 사려깊게 행동하려고 해.

UNIT 16

773 ◈ apply

v. 1. 신청하다, 지원하다 2. 적용하다, 응용하다
　 3. (약 등을) 바르다

└ **application** n. 응용, 신청
└ **apply for** …에 지원하다

I heard you applied for a promotion.
승진신청했다며.

If we work hard and apply ourselves, we're bound to succeed.
열심히 일하고 전념하면 성공하지 않을 수 없어.

initial

a. 최초의, 초기의, 머리글자의   n. 머리글자

> ↳ **initially** ad. 처음에는(at first)
> ↳ **initiative** n. 주도권, 진취적 기상

Your initial visit to a hospital can be a very stressful time.
병원에 처음 갈 때는 무척 스트레스를 받을 수 있어.

mess

n. 혼란, 곤란한 상태, 더러운 것   v. 더럽히다

> ↳ **messy** a. 더러운, 번잡한
> ↳ **make a mess of** …을 엉망으로 만들다, …을 망쳐 놓다
> ↳ **mess up** 망쳐놓다, 어지럽히다
> ↳ **mess with** 방해하다, 속이다, 건드리다

Don't mess with me. 나 건드리지마.

This house is a mess. 이 집은 아주 엉망이군.

expand

v. 확대하다, 팽창시키다

> ↳ **expansion** n. 팽창, 확장, 발전
> ↳ **expanse** n. (바다, 하늘, 육지 등의) 광활한 공간

I'd like to **expand the company** into the Asian market.
우리 회사를 아시아 시장으로 확장시키고 싶어요.

Our company is planning to **expand operations** overseas next year.
우리 회사는 내년에 해외 공장을 확장할거야.

777 **pack**

n. 1. 꾸러미 2. (담배 등) 한 갑

v. 1. 싸다, 포장하다 2. (사람이) …을 꽉 채우다

↳ **packer** n. 짐꾸리는 사람, 포장업자

↳ **parcel** n. 꾸러미, 소포

How much longer will it take you to pack your things?

네 물건들은 싸는데 얼마나 걸릴까?

778 **impress**

v. 1. 감동시키다, 감명주다, 인상지우다 2. 압인하다

Makeup

↳ **impressive** a. 인상적인

↳ **impression** n. 인상, 감동, 영향, 감상, 느낌, 압인, (인쇄) 쇄

↳ **be impressed by** …에 감동받다

You did a good job! I was very impressed.

정말 잘 했어! 매우 인상적이었어.

I'm impressed. 인상적이야.

Everyone was really impressed.

사람들이 모두 정말 감동했어.

779 **grab**

v. 잡다, (기회를) 포착하다, 가로채다

↳ **grab a bite** 한 입먹다

↳ **make a grab for[at]** …을 잡아채다, 가로채다

We can grab a bite to eat before we go. 가기 전에 좀 먹자.

780 improve

v. 개선하다, 향상시키다

↳ **improvement** n. 개선, 향상

You have to improve. Understood?
넌 향상되어야 해. 알았어?

781 oblige

v. 1. A에게 …하도록 강요하다(oblige A to+V)
2. …에게 은혜를 베풀다

↳ **be obliged to+N** …에게 감사하다
↳ **be obliged to+V** …하지 않을 수 없다
↳ **obligation** n. 의무, 책임

I am obliged to provide food for the guests. 난 손님들에게 음식을 제공해야 해.

782 manage

v. 1. 다루다, 운영하다
2. (어려운 상황에서) 잘 처리하다, 일을 해내다

↳ **manager** n. 매니저, 경영자, 관리직(부장, 과장), 지배인
↳ **management** n. 1. 경영, 관리 2. 경영진
↳ **manage to+V** 어떻게든 …하다

What's wrong with the manager these days? 요즘 부장님한테 무슨 문제 있나요?

I'm afraid it's more than I can manage.
내가 할 수 있는 것 이상인 것 같아.

Don't worry. You can manage it.
걱정마. 넌 할 수 있어.

instruct

v. 1. 가르치다(teach) 2. 지시하다, 명령하다(direct)
   3. 알리다, 고하다(tell, inform)

ㄴ **instruction** n. 1. 교육, 지식 2. 지시, 명령, 사용설명(서)
ㄴ **follow instructions** 지시를 따르다

The game comes with a complete set of instructions. 게임에는 완벽한 지침서가 포함되어 있다.

produce

v. 1. 생산(제조)하다 2. 낳다, 산출하다 3. (극) 연출하다
   4. 야기하다 5. (요구에) 제시하다, 제출하다
n. [prɔ́dju:s] 농산물

ㄴ **producer** n. 생산자, 제작자, 연출가
ㄴ **product** n. 1. 산물, 제품, 창작품 2. 결과, 소산
ㄴ **production** n. 1. 생산, 제조 2. 제품, 작품 3. 연출, 상연 4. (영상물제작) 프로덕션

The farmer grew this produce, and it will produce a large profit.
그 농부가 이 농산물을 재배했는데, 큰 수익을 낳을 것이다.

personal

a. 개인의, 본인 스스로의, 직접의

ㄴ **impersonal** a. 개인에 관계없는, 객관적인
ㄴ **personally** ad. 몸소, 직접적으로, 개인적으로
ㄴ **personal matter** 개인적인 일

Don't take it personally.
기분 나쁘게 받아들이진 마.

This is personal information and I don't want you to see it. 개인정보라 보여주고 싶지 않아.

UNIT 16

786 ◉

support

v. 1. 지지하다, 지원하다 2. (가족) 부양하다
n. 지지, 원조, 후원, 부양

   ↳ **supporter** n. 지지자, 찬성자

I appreciate the support.
도와줘서 감사해요.

She's very supportive.
그 여자는 도움이 많이 되고 있어.

The union decided to strike in support of higher wages.
노조는 더 높은 임금을 지지하기 위해서 파업을 하기로 결정했다.

787 ◉

relief

n. 1. 안심 2. 고통의 경감 3. 구조, 구원

   ↳ **relieve** v. 경감하다, 안도케하다, 구제하다
   ↳ **to one's relief** 한시름 놓고
   ↳ **sigh of relief** 안도의 한숨

What a relief! 참 다행이야!

I'm relieved to hear that.
그 이야기를 들으니 맘이 놓여.

suppose
v. 1. 가정하다, 상상하다   2. …하는 게 어때(Suppose S+V)   3. 만약 …하다면

↳ **supposition** n. 상상, 추측
↳ **supposing** conj. 만약 …이라면
↳ **be supposed to+V** …하기로 되어 있다

Is it supposed to snow tonight?
오늘 밤에 눈이 온대?

You're not supposed to do that.
그러면 안되는데.

I'm not supposed to be here.
난 여기 있으면 안되는데.

MEMO

MEMO